L'adv… vedânta facile

Aux sources de la spiritualité indienne

DENNIS WAITE

Traduit de l'anglais par Nathalie Koralnik

Almora *Spiritualités pratiques*

Dans la même collection

Les 7 clés de la méditation, Érik Sablé

Petit traité de la connaissance de soi, José Le Roy

Titre original : Advaita Made Easy

Originally published in the UK by John Hunt Publishing Ltd

Illustrations de couverture et intérieur François Matton

Collection dirigée par José Le Roy

• 51 rue Orfila, 75020 Paris • février 2014

www.almora.fr

ISBN : 978-2-35118-177-5

table des matières

1. Qu'est-ce que l'advaita ?

Introduction

Quand les gens me demandent ce que je fais et que je leur réponds que je suis écrivain, ils sont tout d’abord intéressés. Mais dès qu’ils veulent savoir quel type d’ouvrages j’écris et que je leur dis que mes livres traitent d’une philosophie indienne appelée advaita, ils cessent généralement de me poser des questions. S’ils persistent, tenter de leur répondre en quelques phrases risque de leur donner l’impression que je suis un excentrique qui n’a jamais dépassé la culture hippie.

C’est regrettable, et cette impression serait tout à fait erronée (je n’ai jamais été un hippie). L’enseignement de l’advaita est multimillénaire, et c’est une méthodologie qui a fait ses preuves pour découvrir la nature du Soi et celle du monde. Et la réalisation de la vérité fondamentale qu’elle présente rend toute autre considération absolument insignifiante.

J’ai à ce jour écrit plusieurs ouvrages sur le sujet, mais la plupart des membres de ma famille et de mes amis n’ont pas envie de les lire. Il fallait donc à l’évidence un petit livre qui donne la réponse essentielle à la question « Qu’est-ce que l’advaita ? » sans exiger trop d’effort de la part du lecteur. Le voici.

Signification

Le mot advaita est un terme sanskrit (il y a un glossaire à la fin du livre, avec une brève définition de tous les termes sanskrits) ; « *dvaita* » signifie « dualité », et le préfixe « *a* » devant un mot sanskrit en est une négation ; « advaita » signifie donc « non dualité ». Ce livre pourrait donc être très court. Il pourrait consister en une phrase unique : « En réalité, il n'y a pas deux choses ». Le problème, c'est qu'une telle phrase ne répondrait pas à la question de manière satisfaisante. Une telle affirmation, en effet, est clairement contraire à toute notre expérience – nous savons qu'il y a une foule de choses ! Et bien que vous puissiez ne pas encore le réaliser, toute notre insatisfaction et notre malheur découlent de notre croyance erronée en la dualité. Nous savons que nous ne sommes pas heureux une bonne partie du temps ; nous savons que nous allons mourir. Et ainsi de suite.

Et si je vous dis simplement que vous vous trompez, que vous ne « connaissez » pas réellement ces choses, que la totalité de votre expérience ne concerne que la façon dont les choses semblent être, il y a peu de chances que vous en considériez seulement l'éventualité. Tout cela doit donc être expliqué, simplement mais progressivement, un pas après l'autre. Si vous êtes d'accord avec le raisonnement logique de chaque étape, il vous faudra alors aussi envisager sérieusement la conclusion.

Origine

La meilleure définition que l'on puisse donner de l'advaita est qu'il est, plus qu'une philosophie, une méthode d'enseignement, bien que si l'on voulait être pointilleux on devrait dire que c'est une des écoles de l'une des six branches de la philosophie hindoue. Cette branche particulière, appelée Uttara Mimamsa, tire son enseignement de la dernière partie du gigantesque corpus de textes sacrés appelé Vedas. Ceux-ci contiennent les Upanishads, qui forment la principale source de matériel de l'advaita. Il y a également deux autres sources importantes, toutes deux basées pareillement sur les Upanishads. L'une est la Bhagavad Gita, qui fait elle-même partie du Mahabharata, célèbre poème épique, beaucoup plus long. L'autre est un texte philosophique appelé Brahma Sutra, conçu pour répondre aux doutes et aux objections sur ce qui est dit dans les deux autres. Pour être exact, les Vedas constituent en eux-mêmes une « source de connaissance » qui ne peut être obtenue nulle part ailleurs. Afin d'être véritablement capables de comprendre ce qu'ils nous disent, nous avons besoin d'un maître qui ait lui-même appris de son propre maître la méthode permettant de les interpréter.

La croyance classique consiste à dire que la connaissance véhiculée par les Vedas est apparue en même temps que la création, et il est certain que les paroles furent transmises oralement de maître à disciple bien avant que les mots écrits ne gagnent en importance. Il existe toujours une procédure formelle et complexe permettant d'apprendre les mots par cœur en évitant les erreurs. En conséquence, on dit de la connaissance qu'elle est « révélée », qu'elle n'a pas d'origine humaine. En Occident, il semble que nous pensions devoir continuellement développer et affiner la connaissance passée, ou tout au moins l'adapter à notre époque ou à notre société particulière. Dans le cas de ceux qui enseignent et étudient l'advaita, l'objectif est de la garder intacte. Pourquoi ? Parce qu'elle nous permet de réaliser notre nature et celle de la réalité, de reconnaître que nous sommes parfaits et complets.

Et cela est essentiel à la compréhension des enseignements. Les textes sacrés ne sont pas une source d'information ou de connaissance au même titre qu'un manuel de chimie. Correctement maniés par un maître, les mots fonctionnent pour nous donner une reconnaissance directe de notre propre nature et de la nature de la réalité. Ce n'est pas une simple connaissance intellectuelle ; cette reconnaissance détruit l'ignorance du Soi.

L'interprétation advaitique des textes sacrés fut systématisée par celui qui fut sans doute l'un des plus grands philosophes de tous les temps, Shankara, vers le huitième ou neuvième siècle après J. C. Il écrivit des commentaires sur les principales Upanishads, la Bhagavad Gita et le Brahma Sutra, et composa également de nombreux textes indépendants pour expliquer certains aspects de l'enseignement. Il parcourut l'Inde en battant, dans des joutes logiques, tous les défenseurs d'autres philosophies, et établit des centres d'enseignement qui existent encore de nos jours. Ayant réalisé tout cela, il mourut à l'âge de seulement trente-deux ans.

Seul l'enseignement tel que clarifié par Shankara peut être à proprement parler appelé « advaita vedânta ». Depuis sa mort, au fil des siècles, d'autres philosophes ont apporté des modifications à différents degrés, ce qui signifie qu'il existe des interprétations divergentes. Ce livre a pour but de présenter la compréhension selon Shankara.

Ce que dit l'advaita

Nous faisons actuellement l'expérience de nous-mêmes comme de personnes distinctes et séparées dans un univers d'objets. Selon l'advaita, malgré la dualité apparente dont nous faisons l'expérience, la réalité est en fait non-duelle. Cette réalité non-duelle est appelée Brahman. À vrai dire, nous sentons effectivement que

l'heure de vérité

(crise ou révélation ?)

nous sommes autre chose que notre corps ou notre esprit. L'advaita appelle *Atman* notre soi essentiel, qui est au-delà de notre corps et de notre esprit. Et il enseigne que cet *Atman* est Brahman, qui est non-duel.

Il y a une phrase souvent citée qui, dit-on, résume l'enseignement de Shankara. La voici :

> *brahma satyam, jaganmithya, jivo brahmaivan aparah* (Shankara parlait sanskrit et c'est la transcription de cette phrase en lettres latines). Traduite, elle signifie : « Brahman est la réalité ; le monde n'est pas réel en soi ; le soi individuel n'est pas différent de Brahman. »

Vous serez heureux d'apprendre que tout cela va être expliqué plus tard !

Il existe d'autres philosophies non-duelles, telles que le Zen, le Taoïsme, le Dzogchen. Même le Christianisme, l'Islam et le Judaïsme ont leurs branches non-duelles. Mais l'advaita traditionnel est unique en ce qu'il a une approche de la réalité « à deux niveaux ». Si de nombreux enseignements tentent d'imposer une compréhension non-duelle dès le début – alors que cela va clairement à l'inverse du bon sens –, l'advaita accepte le fait que nous percevions et comprenions notre expérience comme étant dualiste et commence son enseignement à partir de là.

(Les différences entre l'enseignement traditionnel de l'advaita et d'autres variantes plus récentes auront, espérons-le, été clarifiées d'ici la fin de ce livre. En bref, l'enseignement traditionnel nécessite une préparation mentale et utilise comme sources les textes védiques, même si ces derniers doivent être « déployés » par un enseignant qualifié de manière méthodique et structurée. L'enseignement « *satsang* » occidental moderne affirme que rien de tout cela n'est nécessaire, et c'est la raison pour laquelle il ne fonctionne pas très bien, voire pas du tout !)

Terminologie

Pour être absolument précis (et l'un des objectifs de ce livre est de vous donner une image exacte, à la différence de nombreux ouvrages qui risquent de vous induire en erreur), je devrais véritablement utiliser l'expression « advaita vedânta » plutôt que simplement « advaita ». « vedânta » est un nom qui se réfère aux mots ou enseignements qui se trouvent à la fin (« *anta* » en sanskrit) des Vedas, c'est-à-dire aux Upanishads. advaita est un adjectif qui décrit la nature de cet enseignement. Il existe d'autres philosophies qui extraient de ces textes sacrés un message dualiste ou mixte, mais « advaita vedânta » indique que le contenu du message dit que la nature de la réalité est « advaita », c'est-à-dire non-duelle. De nos jours, de nombreux enseignants emploient le terme advaita alors que ce qu'ils enseignent ne provient à l'évidence pas des mots des Upanishads, qui s'ils sont maniés par un maître qualifié garantissent à l'étudiant mentalement préparé d'être conduit à l'illumination.

J'utiliserai dans ce livre le terme « advaita » quelque peu librement, parce que c'est ainsi qu'on en est venu à l'employer en Occident. Par exemple, je me servirai d'expressions telles que : « L'advaita enseigne » ou : « D'après l'advaita ». Dans ces deux cas, pour être rigoureux, j'aurais dû utiliser l'expression « advaita vedânta », ce qui désigne la variante du vedânta qui comprend la réalité comme étant non-duelle.

2. Comment devrions-nous agir ?

Désir, action et résultats

La vie est un cycle sans fin de désirs suivis d'actions, elles-mêmes suivies de résultats (généralement décevants parce que nos attentes étaient trop élevées). C'est un cycle parce qu'une fois que nous avons atteint l'objectif désiré, nous supplantons rapidement l'ancien désir par un nouveau et le processus recommence. Nous pensions que nous serions heureux quand nous aurions obtenu quoi que ce soit que nous croyions vouloir – et c'est effectivement souvent le cas. Mais malheureusement, ce bonheur ne dure pas – il s'avère toujours que nous nous trompions sur sa valeur ultime.

Pourquoi faisons-nous cela ? Parce que nous sentons que, d'une manière ou d'une autre, nous sommes limités, et que l'objet désiré nous rendra complets. Cela s'applique à tous les désirs, du plus élémentaire au plus sophistiqué. Mais il n'y a qu'un seul désir qui, une fois satisfait, nous apportera la satisfaction que nous cherchons, et c'est de réaliser notre véritable nature. Car cette réalisation apportera avec elle la découverte que nous sommes, en fait, illimités. Nous sommes déjà complets.

La Bhagavad Gita nous dit que le fait de penser à des objets conduit à l'attachement et qu'ensuite, nous désirons les avoir. Si nous en sommes empêchés, nous nous mettons en colère. Cela évolue jusqu'à l'illusion, la confusion et la perte de raison – et nous voilà perdus.

L'advaita reconnaît l'existence d'une sorte de loi morale opérant dans l'univers, appelée « *dharma* » (mais c'est un vaste sujet que je ne traiterai pas dans ce livre). Elle a comme effet que lorsque nos actions sont en accord avec le *dharma*, nous obtenons des « points de mérite » ; lorsqu'elles vont à l'encontre du *dharma*, nous obtenons des « blâmes ». Donc en règle générale,

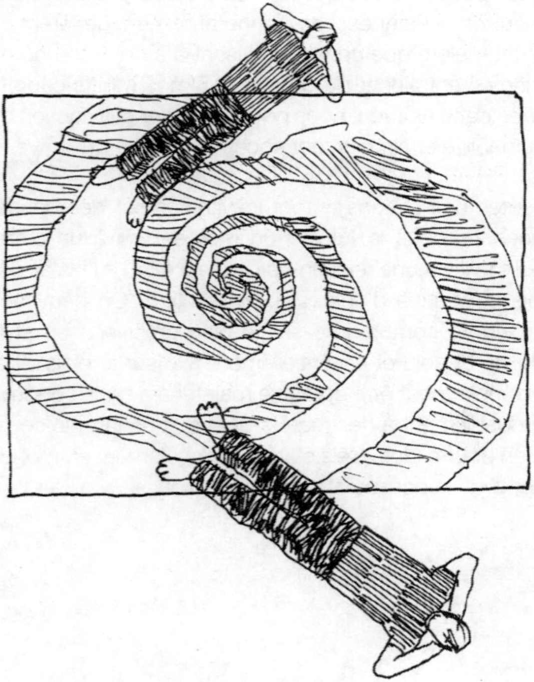

comment ne pas se noyer
dans la ronde des désirs ?

nous pourrions dire que les actes qui aident la société, d'autres personnes, l'environnement, etc., génèrent du mérite, alors que ceux qui nuisent à autrui ou à nous-mêmes entraînent du démérite. Si nos motifs cadrent avec cette attitude, nous pouvons éviter satisfaction ou culpabilité et simplement accepter tout ce qui arrive.

Toutes nos actions auront inévitablement des conséquences dans le futur à un moment ou à un autre, puisqu'il y a une relation de cause à effet, à l'instar des lois physiques d'action et de réaction. On peut facilement le comprendre sur le plan grossier : un style de vie dissolu et essentiellement axé sur le plaisir, par exemple, peut être agréable maintenant mais conduira probablement à des regrets quand, plus tard, le corps n'en pourra plus. Cela s'applique également au monde subtil de la pensée et de la motivation.

Karma et réincarnation

C'est ce qu'on appelle la théorie du « *karma* » – un autre terme pour la loi de cause à effet. Nous savons que si nous mettons une bouilloire pleine d'eau froide sur une source de chaleur, l'eau finira par bouillir et se transformera en vapeur. Si nous donnons un coup de pied à un objet, il sera peut-être projeté en l'air ou nous nous retrouverons avec un bleu à l'orteil, en fonction de l'inertie de l'objet en question – mais il y aura un effet. La loi du karma dit que tout ce que nous faisons produira un effet, peut-être pas dans l'immédiat mais tôt ou tard, même dans une vie ultérieure. Et la loi s'applique à tous nos actes, pas uniquement aux actions purement physiques.

Nous remarquons souvent que certaines personnes semblent ne pas s'intéresser aux autres et dépensent d'importantes sommes d'argent pour leur propre plaisir alors qu'elles n'ont (nous semble-t-il) pas fait grand-chose pour le gagner. Nous voyons aussi des gens vouer leur vie au service d'autrui et vivre dans une relative pauvreté. Et nous nous demandons : « Où est la justice ? »

Maintenant, avant de poursuivre votre lecture, je vous demande de tenir compte du fait que ce que je vais vous dire là n'est pas l'enseignement ultime de l'advaita. Par conséquent, si vous ne pouvez admettre l'idée de déités ou de réincarnation, ne vous inquiétez pas. Poursuivez votre lecture ! Il faudra un certain temps pour que l'image globale devienne plus claire.

L'enseignement de base de l'advaita nous dit qu'au cours de nos existences, les bons points et les mauvais points s'accumulent. Ces « points » sont appelés *karmas* ou *sanskaras*, et bien qu'ils puissent ne pas parvenir à maturité dans *cette* vie-ci (de sorte que les mauvaises gens aient ce qu'ils méritent), ils finiront par le faire, puisque la réincarnation est une partie de l'enseignement. Cela veut dire que nous sommes nés dans une situation adaptée à un sous-ensemble du karma que nous avons accumulé. Si nous avons été très méchants dans une vie précédente (qui ne sera pas nécessairement celle qui a juste précédé celle-ci), nous pourrions renaître dans une forme de vie inférieure, en tant que cafard, par exemple. Le terme utilisé pour désigner l'ensemble des situations que nous rencontrons dans cette vie – qu'elles soient cause de bonheur ou de malheur – est *prarabdha*. La forme humaine n'est de loin pas la plus élevée car il existe des êtres divins dans les sphères célestes, mais c'est de loin la plus importante puisque c'est la seule qui nous permette d'échapper à ce cycle de naissances et de morts que l'on appelle *samsara*.

Les buts de la vie

On échappe au samsara, cette « ronde éternelle de naissances et de morts », en s'« illuminant ». Nous y reviendrons plus tard, mais en résumé cela signifie que l'on reconnaît sa véritable nature et celle de la réalité (c'est-à-dire sa non-dualité). Une fois cela atteint, on vit le temps qui nous reste à vivre (en épuisant le *sanskara* qui avait causé cette vie) mais on ne reprend plus naissance. Cela peut ne pas sembler particulièrement désirable, mais comme on va le voir, l'illumination implique bien plus que cela.

Ainsi donc, l'advaita traditionnel distingue quatre buts pour une vie humaine :

1. Le premier concerne les besoins de base de la vie et les moyens de les obtenir. Si l'on n'en dispose pas, on ne pensera jamais à rechercher l'illumination !

2. Le second concerne la satisfaction des désirs personnels, qu'ils soient bruts ou raffinés – le fait d'obtenir ce qui nous procure du plaisir.

3. Ce n'est que lorsque nous avons satisfait nos désirs que nous pouvons commencer à penser aux autres. Vivant dans une société, nous avons des responsabilités dans notre communauté et à

l'extérieur. Nous pouvons y penser comme à une série de cercles concentriques, avec soi-même au centre et la race humaine en bordure, et avec une importance qui va en décroissant de l'intérieur vers l'extérieur. Comme nous l'avons mentionné précédemment, nous gagnons des bons points en faisant de bonnes actions, et de telles activités finissent par nous profiter car une accumulation de bons *sanskaras* améliore nos perspectives pour la vie prochaine.

4. Quelques personnes, peu nombreuses, réalisent un jour que la poursuite des trois buts précédents est en fin de compte peu satisfaisante. La maison tombe en ruine ; les vêtements s'effilochent et se trouent ; le contentement qui suit un bon repas a tôt fait de se transformer en une nouvelle sensation de faim. C'est un processus perpétuel et constant. De même, le plaisir qui suit la satisfaction d'un désir est invariablement de courte durée. Et indépendamment du nombre de personnes que nous aidons, il en restera toujours d'innombrables dans le besoin. Ce que nous voulons, en définitive, c'est être libéré des besoins de toutes sortes, tout le temps. C'est le but ultime, et on l'appelle « *moksha* ».

Le libre arbitre

Quand nous parlons d'action, nous ne pouvons pas ne pas aborder le sujet du libre arbitre. Nous savons tous que nous avons, semble-t-il, une liberté de choix (ou tout au moins dans une certaine mesure), mais que dit l'advaita à ce propos ?

Bien que le sujet soit fort complexe, les principes de base peuvent être assez facilement résumés. Quand nous « choisissons », notre soi-disant choix peut être le résultat :

1. du **sort** ou du **destin**. Cela veut dire que le choix lui-même, comme le résultat, doit forcément avoir lieu, indépendamment de ce que nous faisons. Tout le déploiement de la création a été « déterminé » dès son commencement.

2. Du **déterminisme**. Cela signifie que le choix et le résultat peuvent remonter à des causes antérieures. Il n'y a pas de liberté dans nos choix, qui sont invariablement déterminés par des aspects génétiques et environnementaux.

3. Du **libre-arbitre**. Bien que nous soyons à l'évidence influencés par les événements passés, nos particularismes personnels et les circonstances présentes, nous sommes capables de choisir

> d'agir ou de ne pas agir, et nous sommes capables de choisir comment agir, dans les limites de notre capacité personnelle.

D'après l'advaita, notre champ d'action est limité par notre karma passé mais, à l'intérieur de ces restrictions, nous disposons d'un libre-arbitre. Cela coïncide par conséquent avec ce que nous pouvons appeler le « bon sens ». Nous sommes aussi limités par les lois de la création. Par exemple, nous pourrions choisir de nous rendre au travail en volant et par nos propres moyens, mais la loi de la pesanteur et la constitution du corps humain nous en empêche. Notre condition pourrait être décrite par la métaphore d'un bateau à moteur dans une rivière au courant rapide. Le courant de la rivière a tendance à entraîner le bateau, mais il reste une possibilité limitée pour manœuvrer et diriger notre parcours ; et plus le moteur (la détermination) est puissant, plus nous sommes capables de remonter le courant.

Comme nous le verrons plus tard, sur le plan empirique (c'est-à-dire au niveau du monde tel qu'il semble nous apparaître dans notre vie quotidienne), l'advaita accepte l'existence de personnes individuelles et d'un « créateur » et « maître » de l'univers, appelé *Ishvara*. *Ishvara* est le nom donné à l'ensemble des lois qui gouvernent le « fonctionnement » de la création et, dans ce contexte en particulier, il est responsable du fait de nous attribuer un corps dans cette vie en fonction des *sanskaras* accumulés dans les vies précédentes. Nous pouvons donc dire que l'action est, dans un certain sens, un effort « conjoint ». *Ishvara* manifeste le monde pour répondre aux besoins du karma global provenant des créations précédentes, karma qui a lui-même été généré comme résultat de nos actions passées. Et nous agissons au sein du contexte et des limitations imposées par les lois naturelles de la création causées par *Ishvara*. Ainsi, à ce niveau, on peut dire que *Ishvara* et nous « agissons » (et « jouissons » du résultat de nos actions). (En réalité, aucun n'agit parce qu'aucun n'existe en tant qu'entité séparée – mais les explications concernant cette déclaration viendront plus tard !)

Nos actes sont par conséquent surtout déclenchés par un *prarabdha* prédéterminé, mais nous disposons d'un certain libre-arbitre. Comme nous ne pouvons pas savoir lequel fera effet à quelle occasion, nous devons assumer notre libre-arbitre et nous efforcer de faire en sorte d'agir en accord avec le dharma.

3. Qu'est-ce qui est réel, qu'est-ce qui est illusion ?

Le problème majeur auquel est confronté celui qui entend parler d'advaita pour la première fois concerne probablement l'affirmation que la réalité est « non-duelle ». On entend souvent dire qu'« il n'y a pas deux choses », et cela peut paraître tout sauf explicite ! La notion que l'univers et toutes les choses animées et inanimées qu'il contient sont essentiellement identiques est si manifestement en contradiction avec notre expérience quotidienne que celui qui l'entend tend à la rejeter d'emblée.

Je suis en ce moment assis devant un clavier et un écran d'ordinateur et je tape ces mots. Il est clair que « je » ne suis aucun de ces objets. « Je » suis distinct d'eux. Je peux me lever, m'en éloigner lentement et les voir devenir de plus en plus lointains. En quittant la pièce, avant de fermer la porte, je peux regarder en arrière – ils sont toujours là. Je peux ensuite quitter la maison ; l'écran et le clavier ont alors disparu. Cependant, à mon retour, ils sont là, comme je les avais laissés (espérons-le) ! Dans quelle mesure peut-il être sensé de dire que mon « Soi essentiel » et la nature « essentielle » du clavier « ne font qu'un » ?

L'état de veille et l'état de rêve

Une manière de commencer à réfléchir à cela – et de voir que ce n'est peut-être pas aussi ridicule qu'on l'aurait pensé – est de considérer nos rêves. Nous avons des rêves dans lesquels nous vivons une vie complètement différente, où nous interagissons avec des gens qui n'existent probablement pas, où nous nous rendons dans des lieux où nous ne sommes jamais allés dans notre vie de veille et faisons des choses que nous n'envisagerions probablement jamais de faire. Mais nous ne mettons pas cela en question pendant que nous rêvons – nous le prenons pour la réalité. Ce n'est qu'après nous être réveillés que nous réalisons que tout cela était le produit de notre imagination.

Mais, pourriez-vous dire, les rêves ne peuvent être comparés à la réalité de veille. Et vous pourriez avancer des arguments pour soutenir cette opinion, arguments qui pourraient sembler parfaitement raisonnables à première vue. En voici quelques-uns :

1. Les rêves ne sont pas réalistes quand on les regarde de plus près. Des choses illogiques s'y passent, qui sont en contradiction avec les lois de la logique. Par exemple, on peut se rendre dans un autre pays en quelques secondes (mais quand on se réveille, on découvre qu'on est toujours couché dans son lit). Toutes les choses fantastiques que l'on peut voir, dont beaucoup pourraient ne même pas exister dans la réalité, sont à l'intérieur de notre propre tête (laquelle n'est pas assez grande pour les contenir).

Ces observations sont cependant faites à partir de l'état de veille, après qu'on s'est réveillé du rêve. Il faut se rendre compte que ce n'est pas celui qui est réveillé qui fait l'expérience du rêve. L' « ego de celui qui est réveillé » et l' « ego de celui qui rêve » doivent être considérés comme des entités séparées. Pour le rêveur, 'seuls' les objets du rêve sont réels ; les soi-disant « objets réels du monde de veille » n'existent même pas. Le temps « passe » vraiment dans le rêve et le mouvement y prend place dans un espace « réel ».

Peut-être vous faudra-t-il réfléchir un bon moment à ces arguments. Nous avons tellement l'habitude de considérer que le monde de veille est « réel » et que le monde du rêve est « irréel » qu'il se peut que, dans un premier temps, nous n'acceptions pas l'idée d'un « ego du rêveur ». Il vous faudra régulièrement revenir à la compréhension du fait que c'est l' « ego de l'état de veille » qui procède à toutes ces évaluations et formule ce jugement. Mais vous savez aussi que cet « ego de l'état de veille » n'est pas présent dans le rêve !

2. Nous tentons souvent de rationaliser le caractère irréel des rêves de cette façon, en déclarant que « tout est dans notre tête ». Les choses dans le monde « réel » (c'est-à-dire l'état de veille) existent indépendamment de nous et d'autres personnes peuvent les voir. Manifestement (et peut-être fort heureusement), les autres personnes ne peuvent voir ce qui se passe dans mes rêves.

Mais cela revient à nouveau à considérer la situation selon la perspective de celui qui est réveillé. De son point de vue, le monde du rêve est en effet « dans » sa tête. Mais du point de vue de celui qui rêve, le monde du rêve est bien « à l'extérieur ». En fait, le rêveur n'est pas du tout en train de rêver, de son point de vue ; il est tout à fait réveillé. En théorie, le rêveur pourrait aller dormir, à l'intérieur du rêve, et avoir un rêve de deuxième ordre. Quand ensuite il se réveille à l'intérieur du premier rêve, la situation est précisément analogue à celle du rêveur ordinaire qui se réveille. Comment savons-nous que, lorsque nous nous réveillons « vraiment » le matin, il ne s'agit pas d'un rêve de troisième ordre ? Ce que nous percevons comme étant « à l'extérieur » n'est pas du tout nécessairement réel.

Une autre manière de voir cela pourrait consister à affirmer que notre monde onirique est seulement « subjectif », alors que le monde de l'état de veille est « objectif ». D'autres personnes peuvent voir mon ordinateur et mon clavier après que j'ai quitté la pièce. Mais cela ne nous aide pas, puisque les « autres personnes » *dans mon rêve* peuvent aussi voir mon ordinateur de rêve lorsque je ne suis pas là. Ce n'est qu'une fois réveillé que je réalise que l'ordinateur et les personnes du rêve ont fait partie d'un monde « subjectif ».

3. Quand vous êtes réveillés, vous « faites » vraiment des choses et ce que vous faites a un « effet » réel. Ce que vous semblez faire dans vos rêves n'a aucun effet.

Mais cela revient encore une fois à confondre l'ego de « celui qui est réveillé » avec celui du « rêveur ». Le rêveur peut avoir affreusement soif, par exemple.

est-il nécessaire de se
débarrasser du désir ?

Le vrai corps de celui qui est réveillé peut se trouver étendu sur un lit à côté d'un pichet d'eau fraîche et d'un verre mais ceux-ci sont inutiles au rêveur ; tout ce qui peut le satisfaire est une « boisson de rêve ». Le dormeur peut avoir fait un gros repas avant d'aller se coucher, mais se retrouver affamé dans son rêve. Et il devra manger un second repas (en rêve) pour satisfaire cette faim.

Tout cela nous dit que ce qui nous semble absolument réel peut s'avérer irréel si et lorsqu'on le considère selon une perspective différente. Le monde n'est pas *absolument* réel ; il est seulement *relativement* réel.

Mithya

Cela nous amène à l'un des concepts les plus importants de l'advaita, et la meilleure introduction qu'on peut en faire est à l'origine une histoire que j'ai écrite pour expliquer la signification du mot « advaita » :

« Alors, Swami-ji, comment définiriez-vous l'advaita ? » La jeune femme croisa impatiemment les jambes et attendit, le stylo en équilibre au-dessus d'un bloc de papier vierge.

« Cela veut simplement dire 'non deux' – la vérité ultime est non-duelle » répondit le sage, allongé dans un grand fauteuil qui paraissait fort confortable – il n'était pas assis, le dos droit, dans la posture du lotus, comme il aurait dû l'avoir été, tout au moins pour la photographie qu'elle venait de prendre.

Elle continua d'attendre la suite de l'élucidation avant de commencer à écrire, mais il devient bientôt clair que la réponse avait été donnée. « Mais est-ce une religion ? Croyez-vous en Dieu, par exemple ? »

« Ah, eh bien, cela dépend de ce que vous entendez par ces mots, n'est-ce pas ? » répondit-il, ce qui eut pour effet d'agacer la jeune femme. « Si, par religion, vous entendez qu'il y ait des prêtres, des temples et une bandes de disciples prêts à tuer les non-croyants, la réponse est non. Si en revanche vous vous référez à l'acception originale, littérale du terme, à savoir 'se lier à nouveau', unir à nouveau la personne dans l'erreur que nous pensons être au Soi que nous sommes vraiment, alors oui, c'est une religion. De même, si par 'Dieu' vous entendez un être séparé, surnaturel qui a créé l'univers et nous récompensera en nous envoyant au Ciel si nous faisons ce qu'Il veut, la réponse est non. Si vous employez le terme pour désigner la réalité non-manifestée, non-duelle, alors oui, je crois certainement en Dieu. »

Le stylo courut sur le papier, consignant cette réponse à l'intention des lecteurs du magazine, mais les mots s'entrechoquèrent avec des idées antérieures dans sa mémoire, et à la perplexité qui s'affichait maintenant sur son visage il était clair que ses questions n'avaient pas été résolues.

Il le remarqua avec compassion et tendit la main dans sa direction. « Donnez-moi une feuille de votre bloc. »

Elle leva les yeux, la bouche légèrement ouverte en se demandant pourquoi il pouvait avoir besoin d'une feuille. Mais elle retourna le bloc-notes, détacha avec précaution la feuille du dessous et la plaça dans la main tendue. Il se tourna vers la table à sa droite et se mit habilement à plier et replier le papier. Après quelques instants, il se retourna et avant qu'elle ait le temps de voir ce qu'il avait fait, il brandit le papier en l'air et le lança. La feuille s'éleva rapidement et tournoya gracieusement dans la pièce avant de perdre de sa vitesse et de plonger, pour s'arrêter brusquement en heurtant de son nez pointu une bouteille de sauce posée sur la table du dîner. « Pourriez-vous le ramener par ici, je vous prie ? » demanda-t-il.

« Alors, qu'avons-nous ici, d'après vous ? » s'enquit-il tandis qu'elle le lui redonnait.

« C'est un avion en papier » répondit-elle, une pointe de questionnement dans la voix, car la réponse était si évidente qu'elle avait le sentiment qu'il devait avoir une autre idée en tête.

« Vraiment ? » répliqua-t-il, et en un instant, il froissa l'objet et d'un geste expert le projeta sans effort vers le haut. L'objet décrivit un grand arc de cercle et atterrit juste devant la corbeille à papier à l'angle de la pièce. « Et maintenant ? » demanda-t-il ?

« C'est une boulette de papier chiffonnée » dit-elle. Cette fois, sa voix n'exprimait aucun doute.

« Pourriez-vous la ramener par ici, je vous prie ? » continua-t-il. Elle le fit, se demandant si courir après des bouts de papier comme un chien qui court après un bâton était typique de ce type d'interview. Il prit la boule et la défroissa avec attention, l'étendit sur la table et la lissa de la main à quelques reprises avant de la lui redonner. « Et maintenant, c'est à nouveau une simple feuille de papier, dit-il, bien que je craigne qu'elle soit un peu froissée ! »

Il la regarda, s'attendant apparemment à un signe de compréhension sinon de vraie révélation, mais rien ne vint. Il regarda autour de lui et après un moment, se leva, se dirigea vers la fenêtre et prit une rose dans un vase posé dans l'alcôve. Revenant à son siège, il lui tendit la rose et demanda : « Qu'est-ce que c'est ? »

Elle se sentait de plus en plus embarrassée, car il était évident qu'il essayait de lui expliquer quelque chose de fondamental qu'elle ne comprenait pas. Ou alors il était fou, ou il la provoquait délibérément, quoique ces deux alternatives parussent improbables puisqu'il restait calme et ouvert et, d'une certaine manière, intensément présent. « C'est une fleur » finit-elle par répondre.

Il saisit alors délibérément l'un des pétales entre son pouce et son index droits et l'arracha. « Et maintenant ? » Elle ne répondit pas, même si cette fois-ci, il ne semblait pas vraiment attendre de réponse. Il continua à ôter les pétales l'un après l'autre jusqu'à ce qu'il n'en reste plus, la regardant après chaque action. Finalement, il détacha de la tige les parties restantes de la tête de la fleur et les laissa tomber sur le sol, ne gardant plus que la tige nue, qu'il lui tendit. « Où est la fleur, maintenant ? » demanda-t-il. Ne recevant aucune réponse, il se pencha et ramassa tous les pétales pour les disposer dans sa main ouverte. « Cela est-il une fleur ? » demanda-t-il ?

Elle secoua lentement la tête. « Ce n'était une fleur que lorsque tous les pétales et les autres morceaux étaient reliés à la tige. »

« Bien ! dit-il avec satisfaction. Fleur est le nom que nous donnons à cet arrangement particulier de toutes les parties. Dès lors que nous avons séparé les parties qui la composent, la fleur cesse d'exister. Mais y a-t-il jamais eu une vraie chose, distincte, appelée 'fleur' ? Toute la substance qui constituait la forme originale est toujours ici, dans ces parties qui se trouvent dans ma main.

« L'avion en papier est un exemple encore plus simple. Il n'y a jamais eu d'avion, n'est-ce pas ? Et je ne veux pas simplement dire que ce n'était qu'un jouet. Il n'y a eu que du papier. Au début, le papier était sous la forme d'une feuille plate pour écrire. Puis je l'ai plié de différentes manières de sorte qu'il prenne une forme aérodynamique qui puisse voler lentement dans l'air. Le nom que nous donnons à cette forme est 'avion'. Lorsque je l'ai froissé, la forme de boulette a pu être lancée avec davantage de précision. 'Avion' et 'boulette' étaient des noms liés aux formes particulières du papier mais en fait, à tout moment, tout ce qui existait, c'était du papier.

« Maintenant, ce type d'analyse s'applique à chaque 'chose' à laquelle vous voulez bien penser. Regardez cette table, là-bas, et cette chaise sur laquelle vous êtes assise. En quoi sont-elles faites ? Vous allez probablement dire que ce sont des chaises en bois ? »

Il la regarda, l'air interrogatif, et elle hocha la tête, tout en sachant qu'il allait la contredire.

« Eh bien, elles sont certainement faites avec du bois, mais cela ne veut pas dire que ce sont des chaises en bois ! Au contraire, je dirais que ce sur quoi vous êtes assise est en fait du bois en forme de chaise, et que l'objet là-bas est du bois en forme de table. Qu'en dites-vous ? »

« Vous voulez dire que la chose que nous appelons 'chaise' n'est qu'un nom que nous donnons au bois lorsqu'il est dans cette forme particulière et qu'il est utilisé pour cette fonction particulière ? » demanda-t-elle en commençant à comprendre.

« Exactement ! Je n'aurais pas pu mieux l'exprimer. Je pourrais tout à fait avoir un sac plein de morceaux de bois qui puissent s'emboîter les uns dans les autres de différentes façons, de sorte que je puisse une fois les assembler pour en faire quelque chose sur lequel on s'assoit, une autre pour en faire quelque chose sur lequel on puisse poser de la nourriture, et ainsi de suite. Nous donnons aux diverses formes des noms différents et nous oublions qu'ils ne sont QUE des noms et des formes, et qu'ils ne sont pas des choses distinctes et séparées.

« Regardez – voici une pomme » dit-il en prenant une pomme dans la coupe posée sur la table et en la lançant nonchalamment d'une main à l'autre avant de la tenir devant elle pour qu'elle l'examine. « Elle est ronde ou, pour être plus précis, sphérique ; elle est de couleur rougeâtre et elle a – il la renifla – une odeur fruitée. Si je mordais dedans, je la trouverais certainement juteuse et douce.

« Maintenant, tous ces termes – rond, rouge, fruité, juteux, doux – sont des adjectifs qui décrivent le nom 'pomme'. Ou pour employer des termes plus advaitiques, disons que la 'pomme' est le 'substantif' – la chose apparemment réelle et dotée d'une existence séparée – et que tous les autres mots sont des 'attributs' de la pomme – des qualités purement accessoires de la chose elle-même. Me suivez-vous jusqu'ici ? »

Elle hocha la tête avec hésitation mais, après un instant de réflexion, fit un signe plus affirmatif.

« Mais supposez que j'aie déroulé cette analyse avec la rose que nous avons regardée il y a un moment. J'aurais pu dire qu'elle était rouge, délicate, odorante, épineuse, etc. Et nous aurions remarqué que tout cela n'était que des attributs et que la chose réellement existante, le substantif, était la rose. Mais nous avons ensuite vu que la rose n'était pas réelle du tout. C'était juste un assemblage de pétales, de sépales et ainsi de suite – je ne suis hélas pas botaniste ! De la même façon, nous pourrions dire que la pomme consiste en pépins, chair et peau. Nous ne serons peut-être pas capables de mettre ces choses ensemble en une forme qui soit différente de celle d'une pomme, mais la Nature le peut.

« Si vous demandez à un scientifique ce qui fait d'une pomme une pomme, il vous dira probablement que c'est la configuration particulière des nucléotides dans l'ADN ou l'ARN des cellules. Il y a de nombreuses variétés de pommes différentes et chacune d'elle présentera une légère variation dans ses chromosomes et c'est cela qui différencie les variétés. Si vous voulez expliquer à quelqu'un la différence entre une

Bramley et une Granny Smith, vous direz probablement quelque chose comme : 'la Brambley est grosse et verte, on l'utilise surtout pour la cuisine et son goût est très acide, tandis que la Granny Smith, verte elle aussi, est normalement beaucoup plus petite et plus douce'. Mais ce sont tous des adjectifs et des attributs. Ce qui est différent, c'est la constitution physique du noyau de la cellule.

« Mais si nous regardons les chromosomes ou un brin d'ADN, regardons-nous vraiment une chose distincte, qui existe en soi ? Si vous regardez de très près à l'aide d'un microscope électronique, vous découvrirez que l'ADN est constitué de quatre unités de base arrangées par paires dans une longue chaîne en spirale. Et chacune de ces unités est elle-même faite d'atomes de carbone, d'hydrogène, d'oxygène et d'azote, à nouveau arrangés de manière très spécifique. Même eux ne sont pas des 'choses-en-soi' qui seraient distinctes ; ce sont des noms donnés à des formes particulières de choses différentes et plus fondamentales.

« Et nous arrivons donc aux atomes – même les anciens Grecs pensaient que tout est fait d'atomes. Ces atomes sont-ils les 'substantifs' définitifs dont toutes les choses apparentes du mondes ne seraient que les attributs ? Eh bien, malheureusement non. La science sait depuis longtemps que les atomes sont essentiellement constitués d'espace vide avec des électrons qui tournent autour d'un noyau central de protons et de neutrons. Et la science sait depuis un peu moins longtemps que ces particules, dont on pensait à une époque qu'elles étaient fondamentales, ne sont pas elles-mêmes des choses solides existant en soi, mais qu'elles sont soit faites de particules plus petites encore, soit qu'elles se trouvent sous la forme d'ondes ayant simplement des probabilités d'existence dans de nombreux points différents de l'espace.

Plus récemment encore, la science a affirmé que toutes ces différentes particules sont elles-mêmes faites de diverses combinaisons d'un petit nombre seulement de particules appelées quarks, et que ces derniers sont les choses qui existent en fin de compte. Mais elle n'est pas encore allée assez loin. Le fait est que chaque 'chose' n'est en définitive qu'un attribut, un nom et une forme surimposés à un substantif plus fondamental. Nous commettons l'erreur de penser qu'il y a réellement une table, alors qu'en fait il n'y a que du bois. Nous commettons l'erreur de penser qu'il y réellement du bois, alors qu'en fait il n'y a que de la cellulose, des sucres et des protéines. Nous commettons l'erreur de penser qu'il y a une protéine alors qu'il n'y a qu'une combinaison particulière d'atomes. En définitive, tout dans l'univers n'est que nom et forme d'un unique substantif. »

La journaliste était comme clouée sur place ; pas exactement bouche-bée, mais son stylo n'avait pas bougé depuis un moment. Elle finit par dire d'une petite voix : « Mais alors, où est-ce que je suis, moi, dans tout cela ? »

« Ah, répondit-il. Cela dépend à nouveau de ce que vous entendez par le mot 'je'. Celle que vous pensez être – Sarah – n'est en essence pas différente de la table et de la chaise. Vous êtes simplement nom et forme, imposés sur la réalité non-duelle. Qui vous êtes vraiment, cependant… et ma foi, c'est très différent – vous êtes cette réalité non-duelle. En dernière analyse, voyez-vous, il n'y a pas deux choses ; il n'y a que la non-dualité. C'est cela, la vérité ; c'est l'advaita. »

Dans ces exemples, on finit par découvrir que chaque objet, considéré au début comme séparé, n'a qu'une réalité « dépendante ». La table n'est réellement qu'une forme de bois ; le bois n'est réellement qu'une forme de cellulose, qui est une configuration moléculaire particulière de carbone, d'hydrogène, d'oxygène, etc. Tout dans l'univers (et l'univers lui-même) n'a qu'une réalité « dépendante » ; rien n'est « réel en soi ». Il n'existe pas de mot en français pour décrire ce concept, aussi sommes-nous contraints de recourir au mot sanskrit. Le terme pour désigner quelque chose (quoi que ce soit) qui n'est pas réel en soi est « *mithya* ». Le mot « mythe » vient probablement de là, bien que sa signification soit très différente.

Mais bien sûr, les tables et les gens ne sont pas « irréels ». Même s'ils ne sont pas « réels en soi », quelque chose chez eux est indéniablement réel ; quelque chose « existe ». Cette réalité ultime est appelée Brahman dans l'advaita. Nous nous y référons souvent comme étant ce qu'on appelle la « Conscience » en français. C'est aussi ce que nous sommes ultimement. Le corps et l'esprit ne sont que des formes transitoires – *mithya*. La Conscience est éternelle – c'est la seule réalité.

Une autre façon de voir cela consiste à dire que nous créons le problème nous-mêmes, par l'habitude que nous avons de « nommer ». Décider d'appeler « montagne » une partie de la terre qui est plus haute que le terrain environnant en est un exemple banal. C'est évidemment très utile quand nous devons indiquer son chemin à quelqu'un, mais le fait même de nommer semble créer quelque chose de « séparé » alors que ce n'est pas le cas en réalité. Un autre exemple communément utilisé dans l'advaita est celui de la « vague » et de l'« océan ». Nous appelons « vague » la manifestation locale qui mouille nos orteils sur la plage, et « océan » la grande masse qui sépare les continents, mais les deux n'ont jamais été que de l'eau. Même une goutte de pluie est la même eau en route pour l'océan depuis l'océan en passant par les nuages et les rivières. Et le corps d'une personne n'est qu'un mélange de produits chimiques organiques et inorganiques dans le processus qui mène de la poussière à la poussière, en passant par la nourriture et les tissus vivants.

L'exemple classique employé dans les textes est celui de l'or et des bijoux – bagues, colliers et bracelets. Il n'existe véritablement rien qui soit une « bague » – ce n'est qu'un nom donné à une forme particulière d'or. Si vous ne me croyez pas, gardez la bague et donnez-moi l'or ! Les bols d'argile sont un autre exemple. Bien sûr, d'un point de vue empirique, le bol a une utilité. Il peut commodément contenir votre café brûlant pendant que vous attendez qu'il ait suffisamment refroidi pour le boire. Une motte d'argile ne serait à l'évidence pas d'une grande utilité pour cette fonction. Mais même ainsi, le bol était de l'argile avant d'avoir été tourné en forme de bol ; il sera de l'argile après avoir été cassé et jeté, et maintenant aussi, il n'est rien d'autre que de l'argile. « Bol » n'est qu'un « nom » que nous donnons à cette forme d'argile particulière – nous pourrions aussi facilement avoir fait un disque plat et l'avoir appelé « assiette ». En tant que chose séparée, « bol » n'a pas de réalité – il est *mithya*. Pareillement, tout est brahman et donc réalité ; mais le fait de voir et de nommer quoi que ce soit (en tant que séparé) est *mithya*.

Dans ces exemples, tous les différents bols sont donc *mithya* ; l'argile elle-même est la réalité, *satyam*. Les bagues, bracelets et colliers sont *mithya* ; l'or est *satyam*. Le monde ainsi que chaque chose et chaque être qu'il contient sont *mithya* ; brahman est *satyam*. *Mithya* est seulement transitoire, dépendant, nom et forme ; *satyam* est réalité éternelle, indépendante, sans forme.

Adhyasa

Il n'y a vraiment qu'un seul problème dans la vie, selon l'advaita, et c'est le fait que nous n'arrivons pas à voir les choses telles qu'elles sont vraiment. Nous croyons à tort que nous sommes des personnes séparées et distinctes, vivant dans un monde d'objets séparés (lesquels veulent généralement nous avoir !). En contradiction avec notre perception et notre éducation (et aussi notre « bon sens »), l'advaita nous dit qu'il n'y a pas de monde séparé ou d'autres personnes distinctes. Il nous dit que nous confondons le réel et l'apparent, en croyant que nous sommes limités alors qu'en fait nous sommes illimités. Le but de notre vie, même si nous ne le réalisons pas, est de nous débarrasser de ces limitations perçues et de « devenir » illimités (bien sûr, nous ne pouvons pas vraiment devenir illimités puisque nous le sommes déjà ! Ce que nous voulons véritablement – si seulement nous le savions -, c'est d'avoir la *connaissance* du fait que nous sommes déjà illimités). Cette confusion, ce mélange entre le réel et *mithya*, le fait de « surimposer » quelque chose qui est *mithya* sur la réalité non-duelle, est la raison pour laquelle nous nous retrouvons dans cet état malheureux où l'on se croit limité et incomplet, à vouloir parvenir à un achèvement fallacieux en acquérant des possessions ou un statut.

La tradition de l'advaita propose à ce sujet une métaphore classique, celle de la corde et du serpent. Dans une semi-obscurité qui nous empêche de voir clairement, nous tombons sur une corde enroulée et la prenons pour un serpent. En conséquence, nous expérimentons tous les symptômes que nous aurions s'il s'était agi d'un vrai serpent – transpiration, anxiété, etc. Si nous éclairons le présumé serpent avec une lampe de poche, nous réalisons que ce n'est qu'une corde et que toutes nos craintes étaient injustifiées.

Ici, le serpent n'a aucune réalité – ce n'est qu'une image surgie de notre mémoire et surimposée à la corde. Nous confondons ou mélangeons la vraie corde et le faux serpent et souffrons des conséquences. La raison de cette erreur est notre ignorance partielle. Dans l'obscurité totale, nous ne verrions rien et il n'y aurait pas de problème. À la lumière du jour, nous reconnaîtrions la corde instantanément et, à nouveau, il n'y aurait pas de problème. C'est le mélange de la connaissance partielle (il y a « quelque chose » ici) et de l'ignorance partielle (je ne sais pas ce que c'est) qui provoque notre peur.

Pareillement, s'agissant du monde, d'autres objets ou de nous-mêmes, nous avons une ignorance partielle. Je sais qu'il y a quelque chose – et, par exemple, je l'appelle « monde » – mais je ne sais pas vraiment ce que c'est. Je confonds le vrai Brahman avec le monde de *mithya* et je souffre des conséquences.

Cette action non-intentionnelle consistant à « mélanger » ou à confondre ce qui est réel et ce qui est *mithya* est appelé « *adhyasa* ». Encore une fois, il n'existe pas de mot équivalent en français, mais c'est un des termes les plus importants de l'advaita. Vous allez donc devoir apprendre le sanskrit !

Adhyasa n'est pas identique à l'« ignorance », elle émerge plutôt comme résultat de l'ignorance. Nous croyons que nous voyons un serpent parce que notre esprit projette cette image lorsque la lumière ambiante nous empêche d'y voir clair. Nous pensons que nous sommes un individu limité dans un monde fondamentalement hostile parce que notre ignorance du Soi nous conduit à penser que nous sommes un esprit et un corps plutôt que la Conscience qui anime temporairement l'esprit et le corps.

Le processus consistant à découvrir que notre façon de voir est erronée et de réaliser la situation « telle qu'elle est » est appelé « surimposition ». À un instant donné, je pense que l'objet sur le sol devant moi est un serpent et j'agis en conséquence – je m'assure d'avoir mon téléphone pour pouvoir appeler une ambulance ; je regarde autour de moi à la recherche d'un gros bâton, et ainsi de suite. Quand j'essaie de m'approcher, peut-être en lui lançant une pierre, je réalise soudain que ce n'est qu'une corde. Le « serpent » disparaît et je passe devant la corde sans plus m'en préoccuper.

De la même façon, l'advaita fournit la connaissance du Soi qui me permet de réaliser que le monde est seulement brahman et que je suis brahman. Il n'y a pas de dualité, et nul besoin de me soucier de « ma vie » ou de « ma mort ».

Les « niveaux de réalité »

L'objectif de l'advaita est de nous éduquer pour que nous cessions d'accepter le monde apparent qui nous entoure comme étant la réalité ; pour nous amener à réaliser que tout cela n'est que nom et forme apparents d'une réalité non-duelle. Mais puisque nous commençons par croire fermement que le monde est réel, l'advaita doit débuter son enseignement à ce niveau de compréhension (ou d'incompréhension). Le monde empirique est appelé *vyavahara*, ce qui signifie littéralement « action », « pratique » ; c'est le monde des « transactions » (il y a aussi le niveau du rêve ou de l'imagination, dans lequel toutes les transactions sont irréelles. Nous pouvons voir une licorne en rêve mais, au réveil, nous reconnaissons qu'une telle chose n'existe pas vraiment – ce niveau de « réalité » [ou d'« irréalité »] est appelé *pratibhasa*. Je le mentionne pour être exhaustif, et vous pouvez maintenant l'oublier !).

La réalité absolue est appelée *paramartha*, et il ne peut y avoir en elle aucune transaction parce qu'il n'y a personne qui fasse quoi que ce soit, il n'y a pas d'acte de faire ni d'objets qui puissent en être affectés. Il y a dans les écritures une prière célèbre qui demande au Seigneur : « Guide-nous de l'irréel au réel ; de l'obscurité à la lumière ; de la mort à l'immortalité ». L'éveil est le saut paradigmatique de compréhension qui entraîne cela.

Mais il y a clairement ici beaucoup de place pour la confusion ! Dans l'advaita, chaque fois qu'une déclaration est faite, nous devons nous demander si elle est faite à partir du niveau empirique de *vyavahara*, ou (comme si elle venait) du niveau de la réalité absolue, *paramartha* (il faut être vigilant à cet endroit, car l'on ne peut bien sûr rien déclarer en *paramartha* puisque la réalité est non-duelle). De nombreux enseignants occidentaux mélangent ces niveaux parce qu'ils ne reconnaissent pas la distinction entre eux, et il n'est donc pas surprenant qu'en Occident, bon nombre de chercheurs ne comprennent pas vraiment l'advaita !

Alors, qu'est-ce qui est réel, finalement ? Eh bien, nous avons montré que les objets du monde (et le monde lui-même) sont *mithya* – ils n'ont qu'une réalité dépendante. Toute chose donnée n'est qu'un nom et une forme de quelque chose de plus fondamental. On peut aussi la considérer comme quelque chose qui dépend de moi, « celui qui connaît ». Pour qu'on puisse dire qu'une chose « existe », celle-ci doit être un objet de connaissance. Et un objet de connaissance doit avoir quelqu'un « qui la connaît », pour qu'elle puisse être « connue ». Elle doit être observée, ou déduite – sinon par moi, du moins par quelqu'un d'autre, ou par une entité qui est consciente de la chose. Et sinon en ce moment, alors du moins à un moment du passé ou du futur. Si personne n'a jamais été conscient de X et que nul ne le sera jusqu'à la fin des temps, comment pourrait-on dire que X existe ? Il ne sera jamais connu – et ne pourra jamais l'être. Ce qui est connu dépend, pour son existence, de celui qui connaît.

De plus, pour que je devienne « celui qui connaît » un objet, je dois choisir de recourir aux moyens de connaissance appropriés (voir le prochain chapitre) et de diriger sur lui mon attention consciente. Par exemple, afin de « connaître » la personne qui vient d'entrer dans la pièce, mes yeux doivent être ouverts, orientés dans la bonne direction et focalisés, et mon cerveau doit être connecté pour traiter l'information, recouper les souvenirs, etc. Tout cela n'est possible que comme résultat de la Conscience. Par conséquent, la fonction de « celui qui connaît » est dépendante de la Conscience.

« Ce qui est connu » dépend de « celui qui connaît » et « celui qui connaît » dépend du « Je », le principe de la Conscience. La Conscience est la seule chose qui en définitive ne soit pas dépendante de quoi que ce soit. Être dépendant correspond à *mithya*. Par conséquent, la seule réalité est la Conscience.

Maya

Mais, pourriez-vous demander, pourquoi donc semble-t-il qu'il y ait un monde ?

Une bonne partie de l'advaita s'intéresse à donner des explications au niveau empirique de *vyavahara*. Nous savons (ou ce sera le cas quand vous aurez terminé ce livre) que de telles explications sont elles aussi inévitablement *mithya*, parce que la réalité est non-duelle – et donc qu'il n'y a pas de monde, personne pour le voir, etc. Mais jusqu'à ce que nous réalisions cela (c'est-à-dire que nous soyons devenus illuminés), nous avons besoin d'explications provisoires. Et c'est là qu'intervient la force magique de *maya*.

Maya est le nom donné à la « force » ou au « principe » qui nous fait voir un monde de dualité alors que la réalité est non-duelle. C'est un élément essentiel de la présentation de la philosophie de Shankara. Le mot lui-même peut signifier « illusion », « irréalité » ou même « sorcellerie » et « magie ». On dit qu'elle a deux aspects. Au niveau universel, il y a un pouvoir de « projection » appelé *vikshepa*, qui produit le monde de la multiplicité comme un film sur un écran de cinéma. Au niveau individuel, il y a un pouvoir de dissimulation (semblable à l'effet d'un voile) appelé *avarana*, qui engendre l'ignorance qui nous empêche de voir la vérité. Cette ignorance individuelle est appelée *avidya*. Ainsi, pour parler de ce sujet, l'advaita se réfère habituellement à *maya*, à savoir le pouvoir de projection, lorsqu'il se réfère à l'« illusion » de la création. Et nous nous référons à *avidya* quand nous parlons de l'ignorance individuelle qui résulte du pouvoir de dissimulation.

En réalité, il n'y a que nom et forme du Brahman non-duel ; l'apparence du monde n'est que cela – une apparence. *Maya* est *mithya*. Mais le monde est toujours empiriquement réel. L'apparence du monde continuera même lorsque vous aurez apprécié la vérité de tout cela ; tout comme, sachant que la terre tourne autour du soleil, vous continuez à voir le lever et le coucher du soleil et utilisez ces « événements » dans votre vie de tous les jours.

prendre une corde pour un
serpent dans la pénombre...

à quoi tient la peur ?

4. Pourquoi la connaissance du Soi est-elle si importante ?

L'une des dix Upanishads les plus connues (Mundaka 1.1.3) pose la question suivante : quelle est cette chose qui, une fois que nous la connaissons, nous installe véritablement dans la connaissance de tout ? À première vue, cela peut ressembler aux koans zen qui posent des questions hallucinantes n'ayant pas de réponses. Mais l'advaita n'est pas porté sur ce genre de choses et nous dit plus tard (2.2.12) que « tout ce [monde] n'est que Brahman ». Et Brahman est (1.1.6) « ce qui n'est pas l'objet de la perception des sens, ce qui est incréé, ce qui n'a aucun attribut, est éternel et omnipénétrant, et qui est la cause de tous les êtres ». Et dans la déclaration la plus importante de tout l'advaita, la Chandodya Upanishad affirme : « Tu es Cela ».

Ces faits étonnants – pour autant que ce soient des faits – ne peuvent être glanés dans aucune autre source. S'il est vrai que « je suis Brahman », qui est la seule réalité, alors cela doit être vrai MAINTENANT (l'advaita définit effectivement la vérité comme une connaissance ne pouvant jamais être contredite). Cependant, nous ne savons pas cela, en dépit de tout ce que nous avons connu dans notre vie et que nous nous sommes dit à partir de cela. Mais cela ne veut pas dire que nous ne pouvons pas le connaître.

Supposez qu'un ami, A, et vous-même, êtes allés à l'école avec une troisième personne, X. Bien que vous n'ayez pas été particulièrement en bons termes avec X, vous le connaissiez bien ; depuis que vous avez quitté l'école, vous avez perdu tout contact avec lui et vous l'avez oublié. Aujourd'hui, vous êtes en train de marcher dans la rue avec A et vous voyez Y, un acteur de cinéma célèbre, qui marche sur le trottoir d'en face. Vous avez vu des films avec lui et vous l'admirez beaucoup. A fait alors un commentaire et dit quelque chose comme : « Y a fait beaucoup de chemin depuis l'époque où nous nous connaissions, tu ne trouves pas ? » Vous êtes perplexe, car vous n'avez jamais parlé avec Y et vous demandez à A de vous expliquer ce qu'il veut dire. A fait alors cette révélation : « Y est le X que nous connaissions quand nous étions à l'école. »

Tous les aspects contradictoires – à savoir que X est le péquenaud miteux et boutonneux que vous avez jadis connu à l'école, tandis que Y est un acteur riche, célèbre et talentueux – s'annulent pour laisser place à l'équation nue que X et Y sont la même personne. De plus, la connaissance est immédiate. Nous n'avons pas besoin d'examiner le raisonnement ou de le méditer pendant longtemps.

De la même façon, si nous apprenons tout sur l'advaita avec l'aide d'un maître qualifié qui comprend les textes, c'est comme si nous faisions la connaissance de X. Puis vient le moment où nous entendons les mots « tu es X » et nous pouvons alors réaliser que cela est tout à fait vrai.

Nous considérons en général que nous commençons la vie dans un état d'ignorance et passons ensuite par un processus d'éducation, inspiré d'une source ou d'une autre, et que nous acquérons la connaissance que l'on nous dit nécessaire pour fonctionner dans la vie. Nous observons le monde autour de nous, duquel nous nous construisons progressivement une compréhension, avec ou sans l'aide de nos parents et de nos enseignants.

Les philosophies indiennes ont divisé les « moyens » par lesquels nous acquérons la connaissance en plusieurs catégories, dont voici les trois principales :

1. La perception – l'information obtenue par l'intermédiaire des cinq organes des sens ; exemple : vous voyez actuellement ce livre devant vous.

2. L'inférence – l'exemple classique : dans le passé, vous avez remarqué que chaque fois que vous voyiez de la fumée, il y avait invariablement quelque chose qui brûlait. Par conséquent, lorsque vous voyez de la fumée au sommet d'une colline éloignée, vous inférez qu'il doit y avoir un feu.

3. Le témoignage – quand vous n'êtes pas à même de vérifier directement quelque chose, vous acceptez habituellement ce qu'affirme une personne de confiance, que ce soit un ami qui vous dise que l'une de vos connaissances communes vient de se marier ou un journal qui affirme qu'une éruption volcanique vient d'avoir lieu de l'autre côté du globe.

Toute la connaissance que nous acquérons concerne des choses (certaines d'entre elles peuvent naturellement être « subtiles », comme les concepts). Et comme nous venons de le voir au chapitre précédent, les « choses » sont *mithya*. Par conséquent, tout ce que nous affirmons savoir ne se réfère qu'à des attributs et pas à la réalité essentielle. En effet, nous ne pouvons percevoir, penser ou parler que de catégories, d'attributs, d'actions ou de relations. Puisque la réalité essentielle n'a rien de tout cela, nous ne pouvons absolument pas parler d'elle.

En outre, la connaissance mondaine implique toujours un « je » sujet qui sait quelque chose sur un objet, lequel est différent du « je ». La connaissance du Soi n'est pas ainsi, parce que sujet et objet sont les mêmes. Les moyens habituels pour obtenir la connaissance ne sont donc d'aucune utilité. C'est la raison pour laquelle la science ne peut jamais nous dire quoi que ce soit sur la nature de la conscience.

Alors, comment pouvons-nous acquérir une quelconque connaissance de la « réalité essentielle » ? Eh bien, nous avons déjà affirmé au chapitre précédent que la réalité est en fait la Conscience que nous sommes. Donc dans un sens, rien ne pourrait être plus facile à découvrir, puisque nous sommes cette réalité.

Du moins c'est ce qu'il semble… Malheureusement, il y a un petit problème : nous sommes ignorants de cette vérité et surimposons à la place une vue erronée de qui-je-suis – « je suis ce corps, qui est né et va mourir ». En conséquence, nous avons besoin que quelqu'un qui ne s'est pas laissé tromper par cette confusion et a directement compris la véritable nature de la réalité nous explique les choses de façon raisonnable et logique, afin que nous puissions finalement la réaliser nous-mêmes.

Et c'est la raison pour laquelle le vedânta *peut* révéler cette connaissance, en agissant comme un « miroir » dans lequel nous pouvons reconnaître le « reflet » de nous-mêmes. C'est un aspect du « témoignage ». Une célèbre histoire illustre la nécessité d'un maître ou *guru* :

> Dix hommes traversent une rivière en crue et perdent pied. Ils nagent jusqu'à l'autre rive et se rassemblent. Lorsqu'ils comptent le nombre des survivants, ils n'en trouvent que neuf et pleurent la perte de celui qui manque. Un moine vient à passer, qui entend leur histoire et réalise leur erreur. Il touche chaque homme, les dénombre et prouve ainsi qu'ils sont tous les dix présents. En comptant les autres, chacun avait oublié de se compter lui-même. De la même façon, nous oublions tous notre Soi véritable jusqu'à ce qu'il soit pointé par le maître. Dans le contexte de l'histoire, lorsque le moine touche le dernier homme et dit : « Vous êtes là tous les dix », la connaissance directe se produit.

Au début, nous allons nous élever avec force contre toutes ces idées – après tout, nous pouvons voir le serpent et nous savons qu'il est venimeux ! Par conséquent, nous devrions idéalement trouver quelqu'un à l'intégrité duquel nous puissions totalement nous fier ; quelqu'un avec qui nous puissions suspendre temporairement nos croyances actuelles, et que nous puissions écouter avec un esprit ouvert. Une telle personne est appelée « *guru* ». À défaut d'avoir accès à un *guru* (et il n'y a pas beaucoup de maîtres réellement qualifiés en Occident – voir le chapitre sur l'enseignement), nous devons nous fier au matériel écrit. Et l'autorité ultime est le texte mentionné au premier chapitre.

Et c'est là qu'intervient le mot « foi », tant décrié. Imaginez qu'un ami en qui vous avez toute confiance vous dit quelque chose, mais que vous êtes incapable de vérifier ses dires par vous-même. Vous ne mettez pas en doute l'honnêteté ou la sincérité de votre ami. Au pire, vous pouvez penser qu'il a lui-même été induit en erreur. Dans le cas des écritures du vedânta, leur vérité a été validée à maintes reprises par des sages au cours de plusieurs milliers d'années.

Aussi, pour employer un terme moins émotionnel que le mot « foi », nous pourrions parler de « confiance » dans les enseignants et de « respect » pour les textes sacrés et de la valeur avérée de ces derniers à travers les siècles. Jusqu'à ce que nous réalisions la vérité nous-mêmes, nous devons avoir confiance dans le fait que ceux qui sont venus avant nous, qui étaient dans la même situation que nous et qui sont parvenus à dissiper leur ignorance sont honnêtes avec nous. Remarquez que cela ne veut pas dire que nous devions nous passer de la raison. Au contraire, on ne nous demande jamais d'accepter quoi que ce soit qui soit contraire à la raison ou à notre propre expérience. On nous demande en revanche de mettre temporairement de côté nos convictions sur ce que nous pensons déjà connaître, et de considérer à nouveau le monde qui nous entoure et nous-mêmes à la lumière des nouvelles idées qui nous sont présentées.

Cela est bien différent de ce qui se passe dans la plupart des religions, où l'on nous demande par exemple d'accepter l'existence d'un paradis et d'un enfer que l'on ne peut jamais valider avant d'être mort ! Avec l'advaita, il est parfaitement possible de réaliser la vérité pour nous-mêmes, dans cette vie – beaucoup l'ont fait. La vérité est que vous êtes déjà parfait, complet et sans aucune limitation – même si vous ne le savez pas et que vous êtes certainement très peu enclin à le croire !

5. Ne suis-je que ce corps et cet esprit ?

Comme nous l'avons déjà dit, nous avons dès notre âge le plus tendre la tendance naturelle à croire que nous sommes ce corps physique, par les portes duquel nous semblons regarder. C'est compréhensible, bien sûr : nous voyons avec nos yeux et, quand nous les fermons, la vision disparaît. Nous sentons des choses en les touchant avec nos mains. Tous nos sens nous disent que si nous ne sommes pas littéralement notre corps, nous sommes au moins « contenus » en lui. Et une telle idée est renforcée par tous ceux avec qui nous entrons en contact – parce qu'eux aussi en sont venus à l'accepter de la même manière.

Et même si nous acceptons intellectuellement le fait que nous ne pouvons pas être le corps physique puisque nous savons que le corps que nous avons quand nous sommes vieux est très différent de celui que nous avions en tant que bébé, nous sommes encore susceptibles de croire que nous sommes notre esprit. Et nous croyons probablement que l'esprit est un aspect du cerveau physique. Après tout, nous savons que le comportement et les capacités mentales d'une personne qui a subi des lésions cérébrales change de manière spectaculaire. En effet, nous pouvons avoir l'impression qu'un proche qui développe, par exemple, la maladie d'Alzheimer, devient réellement une personne différente.

Les religions nous disent que ce-que-nous-sommes-vraiment est une « âme » immortelle qui n'est que temporairement hébergée dans ce corps mortel ; que nous sommes destinés à aller dans un paradis ou dans un enfer, en fonction de nos convictions dans ces croyances et de la mesure dans laquelle nous respectons leurs règles. Mais pour la plupart des gens, tout cela est plus un faible espoir qu'une connaissance certaine. La majorité d'entre eux ont peut-être le sentiment que la mort de ce corps actuel va mettre fin à leur existence et à la conscience qui lui est associée. Mais l'advaita nous dit que nous sommes en fait la « Conscience » grâce à la « lumière » de laquelle le corps matériel et l'esprit subtil sont capables de fonctionner.

Cornac rêvant qu'il a retrouvé son éléphant, ou éléphant rêvant qu'il a retrouvé son cornac ?

Au-delà du niveau purement physique, nous avons souvent tendance à nous identifier aux rôles que nous jouons. Ainsi, certains pourraient par exemple affirmer : « Je suis banquier » (ou peut-être ne l'avoueraient-ils que sous contrainte…). Ou, dans le contexte familial, on pourrait dire : « Je suis une mère. » Mais le fait même que ces rôles soient contextuels montre que l'on ne peut pas véritablement « être » de telles choses. Même si vous êtes très attaché au travail que vous faites, vous ne cesserez pas d'exister quand vous prendrez votre retraite. Et bien que vous puissiez être une « mère » pour vos enfants, vous êtes nécessairement une « fille » pour vos parents et probablement une « épouse » pour votre mari.

Cette tendance à s'« identifier » à quelque chose dans la création apparente est associée, dans l'advaita, à un aspect particulier de l'esprit. On l'appelle *« ahamkara »* et la définition que donne de ce terme le dictionnaire sanskrit est « la fabrication du soi ». Cela signifie simplement que l'on dit : « Je suis X » ou « je suis Y » et qu'on le croit vraiment ; c'est-à-dire que l'on s'identifie à quelque chose d'autre, définissant ainsi de façon erronée qui nous sommes. Dans la terminologie occidentale, on peut l'assimiler à l'ego, et ce n'est pas qui vous êtes vraiment. Vous n'êtes ni le corps, ni l'esprit, ni l'ego. Vous n'êtes pas même une personne. On devrait plutôt penser à ce dernier terme comme à la « persona », un faux masque que l'on adopte pour le présenter au monde extérieur.

Une grande partie de l'enseignement de l'advaita se soucie de nous débarrasser de ces fausses notions, et l'une de ses instructions les plus célèbres, dans une des Upanishads, nous dit de nous rappeler la phrase « neti, neti » qui signifie « pas ceci, pas cela », chaque fois que nous nous retrouvons dans cet état d'esprit erroné.

Essentiellement, la Conscience ne relève absolument pas du langage ou de la pensée. Tout ce que nous pouvons décrire ou ce à quoi nous pouvons penser sont des objets de notre perception ou de notre pensée. Mais la Conscience ne peut jamais être objectivée ; elle est ce qui nous permet de percevoir ou de penser ; elle est le sujet ultime. Tout le reste est *mithya*, qui dépend de la Conscience, laquelle est la seule réalité. Mais alors, je n'ai pas besoin de la percevoir ou d'y penser – parce que je suis Cela. En tant que celui qui connaît, je suis *mithya*, mais en tant que ce qui permet à la connaissance d'avoir lieu, je suis *satyam*, la réalité.

6. Qui suis-je ?

Voici le chapitre le plus difficile, alors assurez-vous d'être bien réveillé avant de commencer !

Jivas

Dans le monde que nous voyons autour de nous, il semble qu'il y ait des gens distincts de nous-mêmes. Nous consacrons une bonne partie de notre vie à interagir avec ces « autres », au niveau physique comme au niveau mental. Il semble indiscutable que mon corps soit différent du vôtre et, bien que nous puissions trouver difficile de définir exactement ce que nous voulons dire par « esprit », il semble également incontestable que nous ne savons pas ce que les autres pensent ou ressentent.

Les gens naissent, vieillissent et finissent par mourir. Vous pouvez douter du fait qu'ils reprennent ensuite naissance dans différents corps, mais les principes (fondés) qui sous-tendent le karma et la réincarnation ont déjà été discutés dans le chapitre sur l'action. L'advaita parle du « *jiva* », qui « habite » le corps et transmigre après la mort (remarquez que *tous* les êtres vivants, plantes comprises, « contiennent » un *jiva*, ou plus précisément peut-être « sont » des *jivas*).

Selon l'advaita, le processus de renaissance continue jusqu'à ce que soit obtenue la connaissance de la véritable nature du Soi. Quand on parle d'« individu », on appelle *Atman* son « soi véritable ». Un être humain a la possibilité de réaliser cette vérité. Malheureusement, comme on l'a décrit au chapitre précédent, l'esprit a la tendance naturelle d'identifier ce « Je » avec le corps matériel inerte, l'esprit, les rôles et fonctions, etc. Quand je dis que « Je suis conscient » et que « J'existe », le « Je » est *l'Atman*, bien que la pensée elle-même soit associée à l'esprit et au cerveau d'une personne individuelle. La personne mourra, mais pas le « Je ».

Et comme nous l'avons déjà dit au début de ce livre, *l'Atman* est Brahman. Par conséquent, le corollaire de ce qui précède, si vous deviez encore avoir un doute, est que mon « Je » et votre « Je » – le « Je » de chaque être, d'ailleurs – est le même. Il n'y a en effet qu'un « Je », qui prend le nom et la forme de tout.

Ishvara

Quand je rêve, mon esprit fait apparaître tout un monde, empli de montagnes et de villes, et de gens qui en apparence vaquent à leurs affaires. Pendant la durée du rêve, tout semble aussi réel que le monde de veille. À l'évidence, je (le *jiva*) ne fais pas apparaître le monde « réel » de la même manière. L'advaita attribue cette fonction à *Ishvara*, qui se manifeste en tant qu'entièreté du monde de la dualité, laquelle dualité a comme être réel la réalité non-duelle, Brahman. *Ishvara* exerce le pouvoir de *maya*, comme décrit précédemment, pour produire le monde-illusion.

Tout comme on accorde une réalité empirique au monde, avec sa myriade de formes de vie et d'objets en apparence séparés, ainsi en va-t-il des nombreux dieux dont on dit qu'ils contrôlent le fonctionnement de l'univers. Ainsi, il y a des dieux pour le soleil et la lune, le vent et le feu, la connaissance et la prospérité. L'idée derrière cela, c'est que quoi que nous fassions quand nous vaquons à nos occupations quotidiennes ou à nos activités personnelles, nous pouvons reconnaître l'existence d'un principe supérieur qui représente la vérité derrière les apparences. Il est donc dit qu'il y a de nombreuses divinités dans l'indouisme, mais un seul Dieu. Chacune est un aspect *d'Ishvara*, qui en définitive contrôle toute la manifestation. Remarquez que cela ne revient pas à dire que les divinités sont imaginaires, simple idée fantasque faisant partie d'un système religieux complexe développé à partir d'une ignorance originelle et non scientifique. Les divinités ont autant de réalité que les *jivas*. Mais en dernière analyse, elles aussi sont *mithya*.

Brahman

Se référant à la métaphore de la vague et de l'océan, etc., le nom donné à l'eau par opposition à la vague ou à l'océan est Brahman. Brahman est l' « essentiel », la seul réalité, éternelle et illimitée. Toute chose apparente n'est qu'un nom et une forme de Brahman.

Qui suis-je ?

La plupart des lecteurs auront entendu parler de Ramana Maharshi, qui enseignait dans les années 1930. Il est surtout connu pour sa « méthode » qui préconise que les chercheurs mènent une enquête sur le Soi en se posant sans cesse la question « qui suis-je ? » J'affirmerai que cela ne devrait pas être pris littéralement – le simple fait de se poser cette question sans les instructions des textes ou d'un maître a peu de chance de conduire quelque part. Mais la réponse à la question, lorsqu'enfin elle arrive, est la réponse à tout ! Parce que, bien sûr, « Je » suis tout !

Et cette dernière déclaration est le type de déclaration qui cause tant de confusion quand les gens rencontrent l'advaita. Dans le précédent chapitre, nous avons déjà vu comment nous nous identifions à notre corps, à notre esprit et aux rôles que nous jouons dans notre vie. L'une des pratiques de l'enseignement de l'advaita examine les trois différents états d'expérience que l'esprit traverse tous les jours : la veille, le rêve et le sommeil profond. En Occident, nous nous considérons comme étant « la personne à l'état de veille ». Nous reconnaissons qu'il existe un état de rêve dans lequel toutes sortes de choses inhabituelles se passent, mais nous croyons qu'elles sont simplement le produit d'un esprit qui n'est pas contrôlé, à ce moment-même, par un « je ». Et, bien sûr, il y a un état de sommeil profond, mais là, nous pensons que le « je » est totalement absent.

Le point de vue de l'advaita à ce sujet est très différent. L'*Atman* est qui nous sommes vraiment. À l'état de veille, la conscience est dirigée vers le monde extérieur (grossier) et « Je » est pris pour le corps, qui est une partie de ce monde. En rêve, l'esprit génère son propre monde (subtil) et un nouveau corps imaginaire. Dans l'état de sommeil profond, ce n'est pas que le « Je » soit absent (bien que la « pensée du Je », elle, soit absente !), mais plutôt qu'il n'y a ni objets grossiers, ni objets subtils. En conséquence, nous ne sommes conscients de rien et il n'y a pas d'esprit actif pour identifier *l'Atman* avec quoi que ce soit.

le monde ne serait-il
qu'une représentation ?

Ainsi, l'advaita dit que nous ne sommes pas celui qui est réveillé, celui qui rêve ou celui qui dort profondément – nous sommes *l'Atman* toujours présent, le témoin qui est « derrière » ces trois états ; *l'Atman* qui « illumine » les expériences de veille et de rêve, et la « non-expérience » (ou plutôt l'« expérience de rien ») du sommeil profond.

En fait, l'advaita reconnaît cinq « états » de conscience : la veille, le rêve, le sommeil, l'inconscience et la mort (remarque : pas cinq états de *l'Atman* – *l'Atman* n'a pas d'états ! L'esprit expérimente des états changeants, mais *l'Atman* est immuable). Chaque état d'expérience a ses propres caractéristiques particulières, ce qui signifie que chacun doit être considéré comme unique. À l'état de veille, la conscience est dirigée à l'extérieur vers le monde grossier par l'intermédiaire des sens et des organes de l'action. Dans l'état de rêve, elle est dirigée à l'intérieur vers l'esprit, lorsque cet esprit crée son propre monde subtil. Et elle est non manifestée dans l'état de sommeil profond, quand « je ne connais rien ».

La conscience reflétée

Il y a toutefois un problème avec cette explication. Si, comme le dit l'advaita, il n'y a que la Conscience, comment se fait-il que je ne voie que par mes yeux dans l'état de veille, et que je ne voie que le contenu de mes rêves dans l'état de rêve ? La réponse à cette question est élucidée par la métaphore du miroir. La « conscience » qui fait que je vois pendant l'état de veille et de rêve n'est qu'une conscience « reflétée ». *L'Atman* lui-même n'est pas du tout une entité qui voit, fait, jouit, etc.

Imaginez une pièce sombre dont les volets sont fermés. Il y fait si sombre que nous ne pouvons rien y trouver. Nous ne pouvons qu'ouvrir la porte et, bien que le soleil brille à l'extérieur, il ne pénètre pas assez loin pour illuminer l'intérieur. Il n'y a pas d'électricité et je n'ai pas de lampe de poche. Cependant, j'ai un miroir. En me tenant sur le pas de la porte, je peux orienter le miroir selon un angle tel que la lumière du soleil reflétée dans le miroir éclaire le contenu de la pièce. Bien que le miroir soit lui-même inerte, qu'il n'ait pas de lumière propre, il devient une source de lumière en vertu du fait qu'il reflète la lumière du soleil qui, lui, a sa propre lumière. C'est bien sûr aussi de cette manière que nous recevons la lumière de la lune qui nous permet de voir la nuit, lorsque la lune brille dans un ciel sans nuage. La lumière de la lune est simplement la lumière reflétée du soleil.

Le parallèle peut maintenant être fait avec nos propres équipements inertes et avec la Conscience. Brahman est l'équivalent du soleil, la seul véritable « source » de Conscience. Brahman « éclaire » l'instrument de l'esprit qui n'est lui-même pas une source de Conscience. Mais en vertu de cet éclairage, l'esprit est apte à refléter la Conscience par l'intermédiaire des sens dans la « pièce » du monde, et à devenir conscient des objets qui s'y trouvent et à interagir avec eux (y compris avec le corps-esprit lui-même). C'est l'esprit qui « connaît », pas *l'Atman*. *L'Atman* est ce par quoi tout est connu, tout comme que le soleil est ce par quoi tout est vu – le soleil lui-même ne voit pas.

De plus, lorsque nous voyons un objet, nous enregistrons l'objet lui-même (c'est-à-dire son nom, sa forme et ses attributs), mais il nous arrive rarement de penser que cela n'est possible que parce que la lumière se reflète sur lui à partir d'une source extérieure. De la même façon, pour ce qui est de notre conscience des objets ou de nos propres corps et esprit, nous réalisons que nous sommes conscients de quelque chose mais pas de ce par quoi nous sommes conscients, à savoir *l'Atman* lui-même. Dès lors que j'ai reconnu que mon sentiment d'être un être conscient est lié au fait que la Conscience se reflète dans mon esprit inerte (séparément), je peux aussi reconnaître que c'est la même Conscience qui, se reflétant dans d'autres esprits inertes séparément, donne l'impression d'autres personnes.

Le *jiva* est le reflet de la Conscience dans un corps-esprit particulier. Chaque personne est par conséquent différente, puisqu'elle est dépendante de ce corps-esprit particulier (qui provient des karmas des vies passées), tout comme la façon dont le soleil est reflété dans un miroir dépend de la nature du miroir. Un miroir sale aura un reflet trouble ; un miroir déformant donnera une image déformée, et ainsi de suite. La « Conscience originelle » est totalement non affectée, tout comme le soleil n'est pas affecté par le caractère de son reflet. La « Conscience originelle » (Brahman) n'est pas une entité qui agit ou jouit. Elle est plus subtile que l'espace, qui est partout, non affectée par le mouvement des objets en son sein.

Par conséquent, et pour revenir à la question de Ramana Maharshi, « Qui suis-je ? », nous commençons par croire que nous sommes l'ego, mais à la fin nous réalisons que nous sommes la Conscience elle-même, dont le reflet « illumine » l'esprit qui, autrement, serait inerte. Tant que nous restons identifiés avec le reflet, nous continuons à croire que nous sommes mortels et limités, parce que nous croyons que notre existence dépend du corps/esprit. Dès que nous réalisons que nous sommes l'original, nous reconnaissons que nous sommes éternels et libres à jamais. Et aussi longtemps que nous confondons les deux, nous demeurons dans la confusion !

Les textes sacrés nous disent que le Soi n'agit pas. Voilà qui pourrait à première vue sembler inexplicable mais, au vu de l'explication ci-dessus, nous pouvons maintenant comprendre que cette déclaration est vraie – du point de vue de la réalité absolue. Au niveau empirique toutefois, il n'y a rien d'autre que la Conscience qui puisse engager l'action. C'est cette « Conscience reflétée », opérant à travers l'instrument de l'esprit, qui agit effectivement, c'est-à-dire le « je » que d'habitude nous supposons être. Nous pouvons donc dire que du point de vue empirique, « je » suis à la fois « celui qui fait » l'action et « celui qui jouit » de l'action. Mais du point de vue de la réalité absolue, je ne suis ni l'un, ni l'autre. Si nous voulions formuler cela dans le style explicatif des Upanishads, nous dirions : la Conscience n'est pas un « agent », mais il n'y a pas d'autre agent que la Conscience, de même que l'eau n'est pas une vague mais que la vague n'est autre que de l'eau.

Et si vous avez suivi l'explication précédente, encore un dernier point à noter : la réalité est non-duelle, et par conséquent parler d'une « Conscience » *et* d'une « Conscience reflétée » n'a aucun sens ! Vous devez donc toujours vous rappeler (je suis désolé de répéter cela continuellement mais c'est très important) que toutes ces explications ne sont qu'intérimaires et qu'elles sont destinées à susciter la connaissance du Soi. Au bout du compte, elles sont *mithya*. Elles sont comme la perche dont on se sert pour élever son corps jusqu'au niveau de la barre dans le saut à la perche. Si vous voulez franchir la barre, vous devez lâcher la perche !

7. L'univers a-t-il été créé ?

Création

Les religions, de même que les philosophies qui acceptent l'existence d'un dieu, affirment généralement que Dieu est le créateur de l'univers. Mais en employant le terme « création » elles veulent invariablement dire que Dieu est la cause intelligente de l'univers. L'argument le plus couramment évoqué au sujet de Dieu est sans doute celui du dessein, et la métaphore fréquemment citée est celle de l'horloger.

Lorsqu'on examine le mécanisme interne d'une montre, les rouages sont si complexes qu'il est inconcevable qu'ils aient pu s'assembler par hasard – il doit y avoir un concepteur intelligent. De la même façon, puisque le monde qui nous entoure manifeste un tel degré de complexité mais que toutes ses différentes fonctions opèrent ensemble avec beauté et efficacité, il doit y avoir une intelligence derrière sa création.

La philosophie différencie la « cause intelligente », telle que décrite ici, de la « cause matérielle ». Par exemple, une table ou une chaise en bois ont, comme cause intelligente, un menuisier (laissons de côté les complications des meubles modernes à monter soi-même). Mais la cause matérielle des deux (de la table et de la chaise, s'entend – pas du menuisier) est le bois. L'advaita est la seule philosophie qui affirme que Dieu (ou, pour être plus pointilleux, *Ishvara*) est aussi bien la cause matérielle que la cause intelligente. Cela découle des discussions précédentes sur *« mithya »*, puisque nous avons vu que tout a Brahman (c'est-à-dire *Ishvara* selon la perspective de *vyavahara*) comme substrat ultime ou réalité dépendante.

Bien sûr, si vous êtes vraiment alerte, vous pourriez à ce stade vous demander comment il peut y avoir une création puisque cela semble contredire le fondement même de la déclaration de l'advaita, à savoir qu'« il n'y a pas deux choses ». Et vous auriez raison ! Avec un peu de chance, ce chapitre résoudra cette question !

Attribution et réfutation

Il est tout d'abord nécessaire de mentionner l'un des aspects fondamentaux de l'enseignement de l'advaita, c'est-à-dire la pratique d'affirmer que quelque chose est vrai pour le modifier plus tard – l'attribution et le déni ou la réfutation. Le terme technique pour cela est « *adhyaropa-apavada* ». Ce qu'il signifie en essence est que ce que l'on vous a dit au départ peut en fait ne pas être complètement vrai ! C'est l'intention du maître que d'aborder les chercheurs à leur niveau actuel de compréhension. Par analogie, si l'on pense à quelqu'un qui apprend les mathématiques, il serait peu indiqué d'enseigner le calcul différentiel à un étudiant qui doit encore apprendre l'algèbre, et l'algèbre n'aurait que peu de valeur pour quelqu'un qui ne connaîtrait pas encore l'arithmétique de base.

Remarquez que cela ne veut *pas* dire que vous ne pouvez pas avoir confiance en ce que l'enseignant vous dit ! En fait, de nombreux maîtres vous donneront l'essentiel dès le début, même s'il est quasiment certain que vous n'en comprendrez pas la raison. Ce qu'ils feront ensuite, toutefois, c'est de commencer depuis le départ, en recourant à une arithmétique simple ! Il n'y a pas lieu d'être impatient. Vous devez y aller pas à pas. La patience est en effet l'une des conditions préalables pour étudier l'advaita.

est-ce une chaise ?
est-ce du bois en forme de chaise ?

On trouve par exemple dans les Upanishads plusieurs récits qui relatent comment le monde a été créé par Dieu. Ils impliquent généralement une création progressive à partir des éléments de base, mais les détails des histoires diffèrent grandement. Le sceptique peut facilement s'en servir comme d'un argument pour signaler le manque de cohérence des textes. Mais on n'est pas censé les prendre littéralement. À un niveau simpliste, ils peuvent être considérés comme lorsqu'on dit à un jeune enfant qu'il a été « amené par les cigognes » plutôt que de tenter une description du processus de conception, du développement dans l'utérus et de la naissance. L'enfant s'en satisfait pour un temps jusqu'à ce qu'il soit prêt à recevoir une explication plus sophistiquée.

Différentes théories de la création

Poursuivons avec le développement de l'explication de la création :

Puisque l'advaita recourt à une méthodologie consistant à donner des explications adaptées au niveau de compréhension de l'étudiant, il est aussi naturel qu'il utilise des théories proposées par d'autres écoles philosophiques. Et c'est ce qu'il fait ! La grande explication qu'il reprend ensuite est empruntée à la philosophie *Sankhya*. Elle est appelée « *satkarya vada* », ce qui signifie la théorie (*vada*) que l'effet (*karya*) est déjà existant (*sat*). Plus généralement, on dit que l'effet existe déjà dans la cause, et la métaphore qui est souvent utilisée pour expliquer cela est celle des sculptures de Michel Ange. Il avait, dit-on, l'habitude d'affirmer qu'il ne créait pas vraiment ses sculptures mais qu'il ciselait le marbre pour révéler ce qui était déjà présent en son sein.

C'est ainsi que les philosophes du *Sankhya* (et du *Yoga*) envisageaient la création, et ils utilisaient un autre nom : « transformation ». La nature non manifestée était « transformée » en les êtres et les objets que nous voyons dans le monde autour de nous.

Deux autres écoles, les philosophies *Nyana* et *Vaisheshika* défendaient une vue opposée, à savoir que l'effet ne préexistait pas à la cause mais était créé à nouveau par la cause efficiente (par exemple, Michel Ange). Et l'advaita (finalement) montre comment chacune de ces théories contredit parfaitement l'autre et que par conséquent aucune des deux n'est défendable. La première équivaut à dire que quelque chose qui existe déjà peut naître. La seconde dit en réalité que quelque chose peut advenir de rien. Par exemple, tailler le marbre pourrait révéler plutôt une Aston Martin en parfait état de marche (et bien sûr, cet argument s'applique pareillement à la théorie du Big Bang. Comment la création aurait-elle pu surgir de rien ? À tout le moins, cela contredirait la loi de la conservation de la masse-énergie).

Cette analyse conduit à l'explication plus sophistiquée de ce qu'on appelle *vivarta vada* – la théorie que l'effet n'est qu'une transformation apparente. L'argument est que la confusion se produit à cause du langage. Nous donnons un nom à quelque chose par commodité et, conséquence de son usage constant, nous tenons pour acquis que le mot se réfère à une chose ayant une existence séparée. Les exemples classiques cités dans les textes sont ceux du bol en argile et de la bague ou du bracelet en or, etc. Lorsqu'un potier fait un bol à partir d'une motte d'argile, l'objet qui en résulte a clairement une nouvelle fonction. Il peut contenir du liquide, de sorte que nous pouvons l'utiliser comme un récipient pour boire, par exemple. Mais nous avons tôt fait d'oublier que le bol n'est pas une nouvelle chose en soi. Au début, c'était simplement une motte d'argile. Maintenant, c'est de l'argile sous une forme plus utile. Si nous le brisons, ce sera toujours de l'argile, bien que maintenant réduite en morceaux ayant, en soi, peu d'utilité. Ce n'est jamais rien d'autre que de l'argile.

Le problème du langage

La Chandogya Upanishad (6.1.4-6) dit que tout produit n'est qu'un nouveau mot : « De même que, par une seule motte d'argile, tout ce qui est fait d'argile vient à être connu, car toute modification n'est qu'un nom basé sur des mots, et seule l'argile est réelle… » Et le même argument s'applique à tout. Tout objet, comme nous l'avons appris plus tôt, n'est que *mithya* ; sa réalité n'est toujours que Brahman. Sa différence apparente ne dépend en fin de compte que de mots. La fabrication du bol revient simplement à changer la forme de l'argile et à lui donner un nouveau nom.

De la même manière, lorsqu'ensuite le mot et le *jiva* prennent naissance, tout ce qui se passe c'est que Brahman acquiert de nouvelles formes et de nouveaux noms pour les accompagner. Mais avant, pendant et après, tout ce qui existe réellement est Brahman.

Pas de création

Et cela nous amène à l'ultime explication de la création, quand toutes les théories provisoires précédentes ont été invalidées. C'est simplement qu'il n'y a jamais eu de création du tout. On appelle cela *ajati vada* – la théorie « incréée ». Si le monde ne peut ni exister ni ne pas exister avant la création, la seule conclusion logique est qu'il n'y a jamais eu de création du tout. C'est la controverse de Gaudapada, qui aurait été le maître du *guru* de Shankara. La théorie est appelée *ajati vada* (*ajati* signifie « non né »). Le terme a toujours existé parce qu'il n'y a effectivement pas de monde – il n'y a que nom et forme du Brahman non-duel. Dans un de ses versets explicatifs de l'une des Upanishads, Gaudapada dit : « Aucune sorte de *jiva* ne naît jamais et il n'y a pas non plus de cause pour une telle naissance. La vérité ultime est que rien ne naît. »

8. Comment « devenir illuminé » ?

Bon nombre des titres de chapitre de ce livre n'évoqueront rien pour le lecteur qui aborde tout cela pour la première fois. Il aura entendu dire qu'il y a un « état » appelé illumination et qu'il est désirable, et il souhaitera simplement savoir ce qu'il faut faire pour l'obtenir.

Le but de tout enseignement de l'advaita est de provoquer l'illumination chez l'étudiant, ce qui soulève la question : que voulons-nous dire exactement par illumination ?

La plupart des gens qui n'ont pas auparavant étudié les enseignements non-duels, et l'advaita en particulier, auront très certainement une vue déformée sinon une impression totalement fausse du sens du mot « illumination ». Leur source de « connaissance » sera sans doute un magazine, un film ou une fiction grand public, qui tous défendent invariablement l'idée que l'illumination est une sorte d'expérience, suscitée par une conscience accrue, peut-être déclenchée par des drogues. En fait, l'illumination n'est pas une expérience du tout. Les expériences vont et viennent, alors que l'illumination, une fois qu'elle se produit, est permanente. Ce n'est pas un état d'esprit ; il n'y a pas de niveaux, de sorte qu'elle n'est ni élevée ni profonde. C'est binaire – soit vous êtes illuminé, soit vous ne l'êtes pas. Et bien que les drogues puissent déformer la perception mentale, elles n'apportent pas l'illumination.

L'illumination, en fait, revient à la connaissance du Soi. Par conséquent, ce que vous avez à faire pour commencer, c'est de comprendre et d'accepter totalement tout ce que vous lisez dans ce livre ! Quand vous reconnaissez directement la vérité de ce qui est indiqué ici, c'est *cela*, l'illumination.

Les « voies » de la réalisation

Le lecteur qui aurait un petit peu plus d'expérience pourrait avoir entendu parler de six ou sept « voies » différentes, que l'on peut suivre. En bref, il s'agit du *karma yoga* ou voie de l'action, du *bhakti yoga* ou voie de la dévotion, du *jnana yoga* ou voie de la connaissance, du *raja yoga* ou yoga royal (aussi connu sous l'appellation de *ashtanga yoga*), la voie directe, l'enquête du Soi, le *satsang* à l'occidentale et le néo-advaita. Je voudrais dire quelques mots sur chacune d'elles avant de développer l'approche correcte et traditionnelle de l'illumination. Remarquez que ces descriptions sont nécessairement très simplistes et, comme pour tous les sujets abordés dans ce livre, vous pouvez trouver des volumes sur chacun d'eux (bien qu'ils puissent être écrits en sanskrit). Certains de ces aspects seront développés un peu plus loin au dernier chapitre.

- Le **karma yoga** – se réfère à la discipline consistant à mener une vie altruiste et désintéressée, en accord avec le dharma, comme nous l'avons vu au chapitre sur l'action.

- Le **bhakti yoga** – implique la dévotion pour un Dieu personnalisé à travers le dévouement, le sacrifice, la prière et l'adoration.

- Le **jnana yoga** – est le processus d'acquisition de la connaissance sur la nature du Soi à partir des textes sacrés, et à travers leur interprétation par un maître qualifié. C'est effectivement le sujet de ce livre.

- Le **raja yoga** – intègre plusieurs disciplines, telles qu'elles ont été établies par le sage Patanjali dans le texte intitulé « Les yoga sutras de Patanjali ». Il appartient en fait à la philosophie du yoga (qui est une philosophie dualiste) et pas à celle de l'advaita, mais les disciplines elles-mêmes se chevauchent passablement et Shankara les tenaient en haute estime. Certaines d'entre-elles seront rapidement exposées plus bas.

- La **voie directe** – est la philosophie telle qu'interprétée par le sage Atmananda Krishna Menon ; elle tente de contourner le besoin de comprendre les enseignements des écritures pour, plutôt, se tourner directement vers sa propre expérience et montrer que, correctement analysée, elle conduit à la réalisation qu'il n'y a pas de dualité.

- L'**enquête du Soi** – est le processus recommandé par le sage moderne Ramana Maharshi, qui disait souvent aux chercheurs venus le voir de se poser à maintes reprises la question : « Qui suis-je ? », en reconnaissant que toute réponse présentée par l'esprit était en définitive inappropriée. En fait, aucune indication ne permet de dire

se cache-t-il quelqu'un
derrière les apparences ?

que Ramana Maharshi ait jamais pensé que ce processus pouvait en soi mener à l'illumination. Il faudrait plutôt le considérer comme un élément du *jnana yoga*.

- Les **satsang à l'occidentale** – c'est le terme qui s'applique à la plupart des enseignants modernes en Occident, qui parcourent le monde en proposant de brèves entrevues et éventuellement des séminaires résidentiels sur un weekend ou une semaine. Ils peuvent commencer par parler de certains aspects de l'advaita, mais répondent surtout aux questions aléatoires de l'auditoire qui portent le plus souvent sur des problèmes personnels plutôt que sur des points généraux de l'enseignement non-duel.

- Le **néo-advaita** – de nombreux enseignants modernes affirment de nos jours qu'il ne peut y avoir aucune voie, puisqu'au départ il n'y a pas de chercheur ! Malheureusement, bien que cela soit vrai d'un point de vue ultime, cette affirmation n'est d'aucune utilité pour le chercheur ignorant. Tant que le chercheur se prend pour un individu en souffrance, il est essentiel qu'il suive une voie efficace pour, finalement, éliminer cette ignorance.

En fait, on peut considérer que l'advaita traditionnel représente des aspects de chacune de ces voies, même du néo-advaita (puisqu'il y a certains éléments de correspondance avec les enseignements de

Gaudapada, par exemple, bien que la plupart des néo-advaitins n'en aient probablement pas conscience). Comme nous l'avons déjà vu, la théorie du karma constitue un élément fondamental de l'enseignement. Nous devons agir, et les actions génèrent nécessairement des conséquences. Et tout ce que nous faisons devrait être fait dans un esprit de révérence envers la vérité. Jusqu'à ce que nous réalisions cela pour nous-mêmes, nous devons vénérer le *guru*. C'est l'élément de *bhakti*. Naturellement, le *jnana yoga* est la clé de tout. Dans un sens, c'est la seule approche qui fonctionne ; tout le reste est en plus. Seule la connaissance peut éliminer l'ignorance. Afin d'établir l'esprit dans un état adéquat et qui lui permette d'acquérir cette connaissance, certaines disciplines mentales, etc., sont nécessaires. C'est là où le *raja yoga* intervient. L'enseignement traditionnel intègre des méthodes qui examinent nos croyances sur qui nous sommes et révèlent que nous ne sommes pas ce que nous pensions être – et c'est là qu'interviennent des éléments de la voie directe et de l'enquête du Soi. Finalement, les écritures révèlent qu'il n'y a jamais eu de création, qu'il n'y a en réalité pas d'individus, et que par conséquent il est vain de dire que de tels individus parviennent à l'illumination – « Je » suis déjà libre. Mais il ne faut pas s'attendre à ce que ce message soit compris avant les derniers stades. Au départ, nous croyons fermement que nous sommes des individus séparés et nous devons donc être traités comme tels.

Que faire pour « devenir illuminé »

L'une des questions les plus fréquemment posées par les chercheurs – et cela se comprend – est : « Que dois-je faire pour devenir illuminé ? » Et la réponse déconcertante qu'il faudrait leur donner, si l'on voulait être totalement honnête, c'est que l'on ne peut rien faire. Quand on parle de « faire », il est question de changer quelque chose – d'aller de A à B ; d'acquérir quelque chose que vous n'avez pas actuellement ; de créer, de modifier, d'accomplir, d'exécuter, et ainsi de suite. Une métaphore puissante en explique la raison : une dame découvre qu'elle a perdu son collier après être revenue d'une visite chez une amie, à laquelle elle l'avait d'ailleurs montré. Elle réalise qu'elle doit l'y avoir laissé, se précipite dans la rue, court jusqu'au domicile de cette amie, laquelle lui fait remarquer que son collier était resté autour de son cou pendant tout ce temps. La question intéressante est de savoir si le fait de retourner chez son amie pour trouver le collier lui a été nécessaire.

À l'évidence, elle avait déjà le collier mais, tout aussi clairement, elle ne savait pas qu'elle l'avait. Et c'est là le point essentiel de la métaphore. Nous sommes déjà libres mais nous ne le savons pas. Le seul but de toute pratique que nous puissions faire est, pour commencer, d'acquérir la connaissance qui éliminera la notion que nous sommes entravés.

Il n'y a rien que vous puissiez faire pour devenir ce que vous êtes déjà, mais il y a des choses que vous pouvez faire afin de le reconnaître. C'est ce que l'« illumination » signifie – « éclairer » ce qui a toujours été là !

Comme on le verra au dernier chapitre, on dit que l'illumination survient lorsque l'ignorance de notre véritable nature est remplacée par la connaissance. Afin que cela soit possible, il faut que l'esprit soit dans un état convenablement préparé. Un esprit soucieux, qui spécule, qui ergote ou qui se trouve dans n'importe quel autre état d'agitation sera incapable de comprendre ou d'accepter un enseignement qui contredit notre manière habituelle d'envisager notre vie. Au contraire, notre esprit doit être calme et ouvert, capable de voir clairement et d'exercer le discernement. Ces caractéristiques, et bien d'autres, doivent être cultivées si l'on veut que l'esprit soit convenablement réceptif à l'enseignement. Sans elles, la recherche sera une perte de temps.

Le processus consistant à découvrir notre véritable nature peut donc effectivement se diviser en deux aspects. En fin de compte, nous devons acquérir la connaissance qui va détruire notre ignorance du Soi – il n'y a pas d'autre voie. Mais certaines dispositions mentales sont propices à cela, tandis que d'autres ne le sont pas. Nous allons tout d'abord examiner ces dispositions et disciplines.

La préparation

Elle consiste traditionnellement en deux étapes.

LE KARMA YOGA

La première est habituellement appelée *karma yoga*, que l'on peut considérer comme « l'action juste ». Traditionnellement, les actions sont accomplies en offrande au Seigneur et, chose plus importante, tout ce qui arrive est accepté comme un « cadeau » du Seigneur. Naturellement, nous continuons à agir afin d'obtenir un résultat spécifique (sans quoi nous ne sortirions jamais de notre lit), mais quelle que soit l'issue, « ça va ».

De façon plus générale, l'on devrait être un bon citoyen et membre de notre famille – témoigner le respect qu'il faut à ses parents et à la société, consacrer une partie de son temps à aider la communauté et donner assistance à ceux qui sont moins fortunés que soi, etc. Même des choses comme « vivre d'une façon intelligemment écologique », « éviter toute cruauté inutile envers les animaux », et ainsi de suite, sont pertinentes.

Voilà qui procède vraiment du bon sens. Cela signifie simplement que l'on se comporte à toute occasion de manière moralement responsable et prévenante envers autrui, en accord avec le dharma. On peut très bien chercher à satisfaire ses propres désirs, dans la mesure où ils ne vont pas à l'encontre de ces considérations.

Le *karma yoga* consiste essentiellement à modifier notre comportement de manière à ce que les deux premiers buts de la vie mentionnés dans le chapitre sur l'action prennent de moins en moins d'importance alors que les deux derniers deviennent prédominants. Finalement, le désir prépondérant est d'atteindre « *moksha* », la « libération ».

L'UPASANA YOGA

Le terme « *upasana* » signifie littéralement « servir, présenter ses respects, service, assistance, respect » ou « hommage, adoration, vénération », mais il est effectivement employé pour désigner tous les aspects qui ne sont pas l'acquisition de la connaissance du Soi (*jnana*), c'est-à-dire l'aspect de préparation dont s'occupe la première partie des Vedas plutôt que les « étapes finales » de la dernière partie (le vedânta). Il s'agit essentiellement d'acquérir la discipline qui permettra à l'esprit d'intégrer le message de l'advaita.

À un niveau simpliste, cette discipline englobe tous les aspects essentiels du corps et de l'esprit – observer un style de vie sain, avec un équilibre entre travail, repos et jeu, discipliner ses pensées et ses actes, son esprit et ses sens. Ces derniers aspects sont compris dans ce qu'on appelle la « sextuple discipline », qui forme le troisième niveau de la « quadruple qualification » indiquée dans les écritures (les textes les plus simples qui en parlent sont peut-être le Tattva Bodha, qui s'adresse en particulier au chercheur novice, et le Vivekachudamani ou « Joyau cimier du discernement »).

Voici comment se décompose la **quadruple qualification** :

1. Le discernement

Dans ce domaine, l'advaita parle de plusieurs aspects différents. Il y a le discernement entre ce qui est transitoire et ce qui est éternel ; entre l'observateur et l'objet ; entre le Soi et le non-Soi. Le discernement permet de faire le juste choix parmi des alternatives, en se basant sur la raison et la moralité. Spécifiquement, discriminer ou discerner revient à choisir ce qui, finalement, est « bon » plutôt que ce qui n'est que provisoirement « agréable ». Le discernement implique de réaliser que les aspects changeants de la vie ne peuvent jamais apporter de bonheur durable.

2. L'absence de passion

Un discernement juste n'est pas vraiment possible sans absence de passion. L'absence de passion signifie

« sans désir » – n'avoir ni convoitise ni dégoût pour les objets mondains. C'est la capacité de prendre de la distance, de voir les choses telles qu'elles sont, de ne pas s'impliquer, et autres lieux communs de ce genre. Si nous sommes attachés à quelque chose, c'est-à-dire si nous désirons cela à l'exclusion d'autre chose, il est clair qu'il est difficile de discriminer. Le discernement implique une impartialité raisonnée. Il ne signifie pas que nous devions toujours nous détourner de ce qui est agréable, ce qui serait simplement absurde, mais que nous traitions la quête de vérité comme la force motrice de notre vie. Le discernement et l'absence de passion se développent en parallèle.

3. La sextuple discipline

C'est le contrôle dans tous ses aspects, de la discipline de l'esprit afin qu'il ne se complaise pas dans des fantasmes à la discipline des sens pour éviter la tentation ou la distraction. Le succès, ici, implique que l'esprit évite l'agitation. Seul un esprit calme peut voir clairement et exercer le discernement. Il s'agit également de discipliner le corps et pratiquer la retenue dans ce que l'on dit aux autres. Il n'est pas possible d'orienter son esprit vers des considérations de nature spirituelle si le corps souffre. C'est là où la pratique du *Hatha yoga* devient pertinente. Le yoga physique n'a rien à voir avec l'illumination en tant que telle, mais il aide à faire en sorte que le corps et ses prosaïques soucis physiques ne fassent pas obstacle à la quête spirituelle.

Il s'agit aussi de modération dans tout ce que nous faisons. Les excès de nourriture ou de boisson, d'exercice physique ou une paresse immodérée doivent être évités ; nous devons tendre vers un style de vie dans lequel travail, repos et jeu s'équilibrent. De même, nous devons éviter de perdre du temps et de l'énergie dans des activités telles que disputes ou commérages, spéculations sur l'avenir ou réminiscence du passé.

Pour ce qui est des sens, il n'est pas toujours possible d'empêcher les impressions d'émerger dans l'esprit, conséquence du fonctionnement naturel de l'un des sens. Ici aussi, le discernement et l'absence de passion sont nécessaires.

Concernant l'esprit, nous avons aussi besoin de discernement pour éviter les situations qui pourraient s'avérer stressantes. Comme cela n'est pas toujours possible, l'esprit doit être entraîné à être capable de faire face à de telles conditions. Nous devons avoir la clarté et le sang-froid nécessaires pour pouvoir nous concentrer sur ce qui importe vraiment, en éliminant tout ce qui est superflu et sans rapport avec l'essentiel. Et nous devons être capables de reconnaître les activités qui nous conduisent vers notre but ultime (l'acquisition de la connaissance du Soi) et celles qui nous en éloignent. Nous devons avoir la patience de faire face aux inévitables circonstances qui ne sont pas propices, en faisant simplement ce qui est nécessaire pour les évacuer et faire de la place pour celles qui sont utiles. Tout cela exige à la fois mesure et concentration. On peut considérer que cela revient à conserver son énergie (de sorte qu'elle soit disponible pour approfondir ce qui compte vraiment et ne soit pas gaspillée pour des choses sans intérêt) pour ensuite la diriger de façon contrôlée et efficiente.

Conjointement à tout cela, nous devons être patients lorsque les obstacles surgissent et avoir la force de les gérer. C'est l'une des raisons essentielles pour lesquelles les religions recommandent des pratiques comme le jeûne et les pèlerinages, afin de développer notre résistance aux épreuves et d'éviter que notre résolution ne faiblisse.

Si nous lisons les textes ou, si possible, écoutons un maître qualifié nous les lire puis nous en expliquer clairement le sens, nous aurons besoin de deux qualités particulières : la confiance et la concentration.

La confiance en l'enseignant et le respect des textes sacrés ont été mentionnés au chapitre 4. On ne vous demande jamais d'accepter quoi que ce soit qui s'opposerait à la raison ou à votre propre expérience et à vos sens. Comme nous allons le voir, le processus d'apprentissage passe par trois étapes et, à la fin, vous apprécierez directement la vérité par vous-même. Mais cela prend du temps et dépend de l'aptitude de l'étudiant.

La concentration est la capacité de diriger son attention et d'éviter les distractions. De nos jours, cette compétence semble devenir moins courante. Les programmes documentaires à la télévision semblent tout naturellement s'attendre à ce que les spectateurs soient incapables d'assimiler quoi que ce soit à moins que le contenu ne leur soit présenté par petites doses agrémentées de graphiques informatisés et de musique. Un texto – et l'esprit a besoin de passer à autre chose.

4. Le désir de libération

C'est la force motrice derrière tout ce qui précède. On dit familièrement que c'est comme de mettre sa tête dans la gueule d'un tigre (une fois dedans, elle n'en ressort jamais). Ce doit être la seule chose importante dans la vie – tout le reste étant sans conséquence ou, au mieux, accessoire. Ce désir survient souvent chez des personnes qui, pendant la majeure partie de leur vie, ont cherché bonheur et sens dans toutes les activités traditionnelles (et peut-être même illégales) et ont réalisé la futilité de ne jamais les trouver. Ou alors une expérience transformatrice majeure impliquant peut-être une mort imminente ou une autre catastrophe aura pu provoquer une nouvelle vision de la vie. Celle-ci impliquera la croyance que l'on est limité et voué à l'échec, et suscitera le désir désespéré d'en échapper.

Les trois étapes de l'étude

Le *jnana yoga*, ou processus d'acquisition de la connaissance du Soi, comporte trois étapes : *shravana*, *manana* et *nididhyasana*.

1. Entendre la vérité d'un maître qualifié ou (deuxième meilleure option) lire sur la vérité dans des œuvres comme les Upanishads. Cela est appellé *shravana* et a pour conséquence une compréhension de base du sujet.

2. Réfléchir sur ce qui a été entendu. C'est l'étape de *manana*, l'objectif étant d'éliminer tous les doutes et de résoudre toutes les explications contradictoires que nous pouvons entretenir sur l'enseignement.

3. Méditer sur l'essence de ce qui a maintenant été pleinement compris jusqu'à parvenir à une conviction totale. Cette étape est appelée *nididhyasana*. Elle a pour effet d'éroder toutes les mauvaises habitudes que nous avons acquises concernant la façon dont nous nous impliquons dans le monde, dont nous voyons la séparation, dont nous concevons du désir pour les objets, etc.

Il est bien sûr possible qu'en entendant pour la première fois les mots « Tu es cela (le Brahman non duel) », le chercheur réalise instantanément la vérité de cette déclaration, de la même manière que vous comprenez immédiatement que la vedette du film est le péquenaud boutonneux que vous connaissiez à l'école – mais c'est peu probable. Pour la plupart des gens, le processus d'écouter, de réfléchir et de méditer doit être répété très souvent. Même l'Upanishad qui utilise cette phrase la répète neuf fois, pour bien faire comprendre le message.

Jivanmukti

En théorie, il est possible de réaliser la vérité simplement en l'entendant, mais il est en général nécessaire de chercher à la clarifier en posant des questions – d'où l'intérêt d'un enseignement, puisqu'un livre pourrait ne pas répondre à vos questions spécifiques. Bien que vous puissiez devenir illuminé après *shravana* et *manana*, il est peu vraisemblable que vous en recueilliez tous les bienfaits – le « fruit de la connaissance », comme on l'appelle, ou *jnana phalam*. Tout dépendra dans quelle mesure vous aurez parachevé les étapes préparatoires décrites plus haut. Si votre esprit est complètement préparé, l'illumination donne lieu à une paix et à une acceptation totales de tout ce que la vie peut encore vous apporter. Autrement, vos tendances habituelles, votre sentiment d'insatisfaction, etc., peuvent se maintenir. Pour en venir à bout, il faudra encore pratiquer *nididhyasana*. Cela peut se faire en continuant à lire les textes, à suivre des cours, en enseignant à d'autres, éventuellement, si l'on en a les capacités, etc. Finalement, les bienfaits seront obtenus, et une telle personne est alors appelée *jivan-mukti*. On peut la reconnaître non seulement à sa paix intérieure et à sa connaissance, mais aussi à l'amour et à la compassion qu'elle manifeste pour tous. Que cette étape soit atteinte ou non, une personne éveillée ne reprend pas naissance.

9. Pourquoi l'advaita traditionnel est-il si puissant ?

Dans le cadre de l'enseignement traditionnel, L'advaita recourt à de nombreux « *prakriyas* ». Ce sont des moyens particuliers d'expliquer les aspects essentiels, qui ont fait preuve de leur efficacité et ont été transmis de maître à disciple au fil des siècles.

par quoi commencer
pour sortir de la dualité ?

L'adage le plus célèbre des Upanishads est une équation frappante : « *Tat tvam asi* » qui signifie, en sanskrit, « Tu es cela ». Ce que cela veut dire, c'est que ce que vous êtes fondamentalement est identique à Brahman, la réalité non-duelle ou, pour le dire de manière plus théâtrale : « Tu es Dieu ». À première vue, il y a peu de chances pour que vous en soyez convaincu ! Le sens doit être « déployé » par un maître expérimenté qui utilise les *prakriyas* des Upanishads.

Un exemple arithmétique

Un exemple simple tiré de l'arithmétique illustre l'idée des *prakriyas*. Supposez qu'un enfant soit capable de reconnaître et d'utiliser les chiffres comme moyen de compter mais qu'il ne connaisse pas encore l'arithmétique. L'enseignant montre à l'enfant l'équation suivante, en lui expliquant que les deux côtés du signe « égale » sont identiques :

$$5 + 7 = 3 \times 4$$

L'enfant voit les chiffres et les signes et affirme ce qui suit : le côté gauche contient les chiffres 5 et 7 et un caractère « + », qu'il ne comprend pas encore. Le côté droit contient deux chiffre complètement différents, 3 et 4, ainsi qu'un caractère entièrement différent, « x », qu'il pourrait reconnaître comme étant une lettre. Il est clair, se dit-il, que les deux côtés du signe « = » sont tout à fait différents. Comment pouvez-vous dire qu'ils sont identiques ?

L'enseignant demande ensuite à l'enfant de mettre ces considérations de côté pendant un moment. Il lui explique le sens du signe « + » et lui montre comment fonctionne le procédé mathématique de l'addition, puis finit par lui montrer que si l'on traite le côté gauche comme la somme d'une addition, on peut calculer que la « réponse » est 12.

Plus tard, comme exercice séparé, il demande à l'enfant de regarder le côté droit et lui explique le principe de la multiplication. L'enfant finit par trouver que le côté droit correspond à la réponse « 12 ».

Il n'est désormais plus nécessaire d'expliquer quoi que ce soit. Le caractère identique des deux membres de l'équation est évident.

Nous pouvons maintenant revenir à l'affirmation « Tu es Cela » (la réalité non-duelle). Vous êtes à présent dans la position de l'enfant à qui l'on avait montré l'équation arithmétique ci-dessus. Vous savez que vous êtes un individu séparé et souffrant (le « petit moi »), qui n'est ici que pour peu de temps et qui est destiné à redevenir poussière, hélas bien trop tôt. La vie est, comme le dit Thomas Hobbes, « solitaire, médiocre, désagréable, brutale et courte ». La « totalité » est infinie, éternelle, omnisciente, toute-puissante, etc. Qu'est-ce qui pourrait être plus différent, et comment pouvons-nous seulement admettre une déclaration aussi extravagante ?

Ainsi, comme à l'enfant, on nous demande de mettre de telles croyances de côté, puisque s'y accrocher ne générera que des problèmes. Si nous levons constamment les bras au ciel et objectons que 5 n'égale pas 3 et que 7 n'égale pas 4, cela ne nous aidera pas à assimiler ce que l'enseignant nous dit.

L'enseignant prend maintenant la partie de gauche et nous conduit à travers le raisonnement et le déploiement scriptural jusqu'à ce que nous arrivions finalement à la réalisation que notre nature essentielle est la Conscience. Puis il prend la partie de droite et, tout à fait indépendamment, nous conduit à la compréhension que la nature de la réalité elle-même est la seule Conscience. Ensuite, le caractère identique des deux côtés devient évident, et il n'y a plus besoin d'explication.

Le modèle des enveloppes

Jusqu'à la fin de ce chapitre, nous allons voir un modèle particulier présenté dans une des Upanishads (Taittiriya). Non pas parce que c'est l'une de mes métaphores favorites, mais parce qu'il illustre plusieurs de ces *prakriyas*, ces techniques ou formules.

Pour simplifier, c'est l'idée qu'il y a différents niveaux d'identification de « Qui je suis vraiment » avec des aspects du corps-esprit, et que ceux-ci doivent être abandonnés pour que l'on puisse réaliser sa vraie nature. Pour commencer, je dois vous mettre en garde contre une méprise fréquente de la part des chercheurs, qui peuvent prendre la métaphore dans un sens plus littéral et croire à tort que le Soi est littéralement « recouvert » par ces « couches » et qu'il doit d'une certaine manière être « découvert », comme une poupée russe. Ce n'est PAS le cas.

La première de ces « enveloppes » – la plus « grossière » et celle avec laquelle nous avons tendance à nous identifier – est le corps. On en parle comme de l'enveloppe faite de nourriture. Le corps naît, vieillit, meurt et se décompose pour redevenir la nourriture dont il provient à l'origine (ou tout au moins de la nourriture pour les vers), mais il n'a rien à voir avec le vrai Soi qui est bien plus proche de nous que notre main ou notre peau).

La seconde couche est appelée « enveloppe vitale » ou enveloppe faite de souffle. D'après la mythologie hindoue, l'« air » insuffle la vie dans le corps. On pourrait dire que c'est la force vitale par laquelle le corps s'anime et les actions s'accomplissent. Bien que cette force provienne du Soi, comme d'ailleurs toute chose, elle n'est pas le Soi (rappelez-vous que nous parlons au niveau de *vyavahara* !) Nous avons tous tendance à croire que, d'une certaine façon, nous sommes immortels. Tout en reconnaissant que le corps doit finalement mourir, nous sentons que cette force vitale survivra à la mort. C'est l'identification à l'enveloppe vitale.

La couche suivante est l'enveloppe mentale, à savoir l'esprit pensant et les organes de la perception. Cette partie de la structure mentale a pour fonction de servir d'intermédiaire entre le corps et le « monde extérieur », à la différence de l'intellect. L'intellect est la faculté supérieure de l'esprit, responsable du discernement, reconnaissant le vrai du faux, le réel de l'irréel, sans recourir aux éléments prosaïques comme la pensée et la mémoire. Dans le silence, il sait sans avoir besoin de penser.

La dernière enveloppe est appelée l'enveloppe de « béatitude ». Certains lecteurs qui pratiquent la méditation ont pu avoir la chance d'expérimenter, par moments, une paix et un silence très profonds, où l'esprit est complètement absent et où l'on peut éprouver un intense sentiment de contentement. On peut croire que c'est là l'état de réalisation auquel nous aspirons, si seulement nous parvenions à le maintenir. Mais il ne dure généralement que quelques minutes pour la plupart d'entre nous, même si les ascètes indiens sont réputés pour demeurer dans de tels états pendant des périodes bien plus longues. Même si elle est peut-être désirable et bienheureuse, ce n'est toutefois qu'une autre enveloppe. Nous sommes encore en train de l'observer et par conséquent ne pouvons pas être elle.

Ce que nous sommes véritablement est le « Vrai Soi » ou simplement le « Soi », avec un « S » majuscule. Mais le Soi se trouve voilé par l'identification avec ces différentes couches ou enveloppes. Il est comme de l'eau contenue dans une bouteille de verre coloré. L'eau semble avoir pris la couleur du verre alors qu'elle est, elle-même, incolore.

Discernement entre « celui qui voit » et « ce qui est vu »

Dans un chapitre précédent, nous avons abordé l'exercice intellectuel consistant à distinguer ce que, dans un premier temps, nous pouvons penser que nous sommes de ce que nous sommes vraiment. Dans une des Upanishads, la phrase connue « neti, neti » (pas cela, pas cela) est employée à cet effet. Cette sorte de différenciation est appelée discernement entre le Soi et le non-Soi. En pratique, si je reconnais que je, le sujet, ne peux être ce corps, cet esprit, etc. parce que je le vois comme un objet, alors c'est un exemple de discernement entre celui qui voit et ce qui est vu.

Cet exercice comporte deux aspects. Tout d'abord, on rejette les objets perçus ou le corps-esprit, etc., comme étant « non moi ». Ensuite, on reconnaît qu'il y a quelque chose qui demeure inchangé et présent dans toutes ces expériences, à savoir « Je », le témoin. Le corps, par exemple, vieillit et meurt – mais « Je » demeure le même.

La logique d'Arundhati

Une autre méthode utilisée ici dirige notre attention vers des niveaux de plus en plus subtils de sorte que, même si au début nous ne pouvons apprécier ce que l'on veut dire par *Atman*, nous finissons par en être capables.

On appelle cela la « logique d'Arundhati » d'après le nom indien donné à une étoile, Alcor, dans la constellation de la Grande Ourse. C'est l'un des exemples les plus clairs de la méthode aidvaitique d'enseignement.

Lors des cérémonies de mariage en Inde, l'étoile est présentée à la fiancée comme un exemple à suivre puisqu'elle est « fidèle » (on pourrait aussi dire « attachée », « dévouée ») à son étoile compagne, Mizar ou Vasishtha (Arundhati était l'épouse de Vasishtha). Comme l'étoile est à peine visible, il faut diriger son regard sur elle progressivement. On peut ainsi d'abord localiser la constellation par rapport à la Lune. Puis l'attention peut être dirigée vers l'étoile brillante sur le manche de la Grande Ourse. Finalement, il y a une étoile compagne qui ne se trouve qu'à une distance de onze minutes et qui a une luminosité de magnitude quatre, et que seules des personnes dont la vue est exceptionnelle sont capables de percevoir. C'est Arundhati.

De la même façon, dans ce modèle des enveloppes, la Taittiriya Upanishad désigne le corps comme étant *l'Atman*, mais indique ensuite que l'énergie vitale est plus subtile et que le corps n'est après tout que de la nourriture. Le disciple est ainsi guidé à travers des niveaux successifs jusqu'à ce qu'il soit capable de reconnaître le caractère erroné de ses identifications antérieures et qu'il comprenne sa nature essentielle.

C'est aussi un exemple de la principale méthode de l'advaita – *adhyaropa-apavada*, introduite dans le chapitre sur le monde. Pour commencer, nous apprenons que nous sommes le corps. Puis on nous montre que c'est une surimposition erronée due à l'ignorance, et cette explication est alors retirée. On nous dit ensuite que nous sommes la force vitale, *prana*. Après quoi on nous prouve que c'est faux et cette affirmation est réfutée. Et ainsi de suite, jusqu'à ce que finalement nous comprenions que nous devons être *l'Atman*.

Shankara commente ce modèle en ces termes : « L'âme individuelle, bien qu'elle ne soit intrinsèquement autre que Brahman, s'identifie toujours et s'attache aux enveloppes faites de nourriture, etc., qui sont externes, limitées et composées des éléments subtils. » Et il fait référence à l'histoire du dixième homme décrite plus tôt. De la même façon, « l'âme individuelle, sous l'emprise de l'ignorance caractérisée par la non-perception de sa véritable nature, Brahman, accepte les non-Soi extérieurs, tels le corps composé de nourriture, comme étant le Soi et en conséquence commence à penser : « Je ne suis rien d'autre que ces non-Soi composés de nourriture, etc. »

En pratique, bien sûr, nous ne nous identifions pas consciemment avec l'enveloppe elle-même, mais avec un ou plusieurs de ses attributs. Ainsi, nous prétendons par exemple que nous sommes stupides, en nous identifiant effectivement à l'esprit ou à l'intellect. Le Soi n'est jamais vraiment associé à ces attributs ou aux enveloppes elles-mêmes, parce que seul le Soi est réel – le reste est *mithya*. L'incapacité à comprendre cela conduit certains enseignants à déclarer que nous devons « nous débarrasser de l'esprit » ou « détruire l'ego » afin d'atteindre la réalisation. C'est comme si l'on disait que nous devons tuer le serpent afin de découvrir la corde.

La méthode de co-présence et de co-absence

En définitive, ce modèle est aussi un exemple de la méthode de co-présence et de co-absence (*anvaya-vyatireka*). Le corps physique est absent à l'état de rêve, bien que « Je » sois présent dans les deux états. Par conséquent, je ne suis pas le corps. Le corps subtil est, pareillement, absent dans le sommeil profond, bien que « Je » demeure. Je ne peux donc pas être non plus l'enveloppe vitale, mentale ou intellectuelle. Finalement, l'ignorance (qui correspond à l'enveloppe de béatitude) disparaît dans l'état de *samadhi* (un état méditatif exceptionnel que la philosophie du *Yoga* considère comme le but ultime), et je ne peux donc pas être cette enveloppe non plus.

En fait, je suis *l'Atman*, présent dans tous les trois états, témoin des soi-disant enveloppes. Elles ne sont des couches ou des voiles que dans la mesure où, à cause de l'ignorance, je me considère comme autre que *l'Atman*. Je dis : « Je suis gros », « je suis vieux », etc., parce que je me prends pour le corps physique. Mais ce sont des attributs du corps, et non le Soi. *L'Atman* lui-même n'a aucun de ces attributs ; et il en va de même des autres enveloppes.

Le point fondamental que nous devons comprendre, prévient Swami Dayananda (qui est probablement le plus grand enseignant vivant de l'advaita à l'heure où j'écris ces lignes), c'est qu'il n'y a pas de « Soi intérieur » dont il faille faire l'expérience au-delà ou à l'intérieur de toutes ces enveloppes. Nous sommes cet *Atman* tout le temps, indépendamment de la vue erronée que l'esprit pourrait adopter. Rien n'est jamais vraiment « caché ».

10. Quelles sont les différentes approches ?

Les catégories d'enseignements

L'enseignement de l'advaita entre dans quatre catégories principales (mentionnées au chapitre 8).

1. **L'enseignement traditionnel**, aussi appelé enseignement *sampradaya*. Le terme « *sampradaya* » signifie que les méthodes et la compréhension ont littéralement été transmises de maître à disciple pendant des milliers d'années. Puisque c'est Shankara qui a effectivement formulé les instructions basées sur tout le matériel existant à l'époque, les enseignants *sampradaya* modernes devraient pouvoir faire remonter leur lignée à lui. Les disciples restent habituellement dans un ashram pendant quelques années (au moins) et participent à des discussions, méditent, etc. tous les jours. C'est cet enseignement qui forme la matière essentielle de ce livre.

2. **Le néo-vedânta**. C'est un développement plus tardif de l'enseignement traditionnel et, de nos jours, c'est la branche qui compte probablement le plus d'enseignants. Elle provient de Vivekananda qui, portant le message du mystique du 19e siècle Ramakrishna tout en suivant sa propre orientation, s'efforça d'apporter le vedânta en Occident – mission pour laquelle il rencontra un succès considérable. L'enseignement qu'il défendait intégrait certains aspects du Yoga. Comme le Yoga est en soi une philosophie différente, certains des principes de l'advaita vedânta s'en sont trouvés modifiés. En particulier, le néo-vedânta insiste sur le *samadhi*, même si l'advaita fait remarquer qu'il s'agit simplement d'une autre expérience qui ne peut pas susciter la connaissance du Soi. Cette

insistance peut également être une conséquence du fait qu'au cours de sa vie, Ramakrishna lui-même avait régulièrement fait l'expérience du samadhi.

3. **Le satsang à l'occidentale**. Dans son acception traditionnelle, le terme « *satsang* » signifie littéralement « association avec le sage ou le bon » et fait référence à un groupe d'authentiques chercheurs guidés par un maître qualifié. Il désigne une rencontre dans laquelle un enseignement est donné, suivi de questions et réponses (dans l'enseignement traditionnel, il se réfère uniquement à la séance de questions et réponses). Il est désormais courant, en Occident, qu'un « maître » parcoure le monde en tenant de courtes sessions où il ne donne pas de réels enseignements mais réponde aux questions qui se présentent. J'ai appelé ce style occidental de pseudos enseignements « *satsang* » dans mes livres précédents.

4. **Le néo-advaita**. C'est un développement relativement moderne (peut-être aussi récent que les années 1980) qui se réfère à un style d'enseignement qui prétend n'exprimer que la vérité définitive et absolue de l'advaita. Il n'admet aucun « niveaux » de réalité et ne reconnaît pas l'existence d'un chercheur, d'un enseignant, de l'ignorance, d'une voie spirituelle, etc. Alors qu'il y a chez les enseignants *satsang* en général de grandes différences en termes de leurs façons

de parler de l'advaita et de l'enseigner, ce n'est pas le cas chez les enseignants du néo-advaita. Les déclarations des uns et des autres sont pour l'essentiel interchangeables, et seuls diffèrent les tournures et le style personnels.

Et au cas où il y ait encore un doute sur la signification du terme « illumination », voici une définition :

L'illumination

C'est l'ignorance du Soi qui empêche la reconnaissance de la vérité quant à notre nature et celle de la réalité. L'illumination a lieu dans l'esprit de la personne quand l'ignorance du Soi a été éradiquée. Il est vrai (dans la réalité absolue) que nous sommes déjà « libres » – il n'y a toujours eu que la réalité non-duelle, alors comment pourrait-il en être autrement ? Il n'est pas vrai que nous soyons déjà illuminés (dans la réalité empirique), comme le chercheur le sait bien. L'illumination est l'événement par lequel, en son temps, l'esprit réalise que nous sommes déjà libres.

Plutôt que de « réinventer la roue », je voudrais emprunter les conclusions à mon livre *L'illumination : le chemin dans la jungle*[1] pour résumer les points essentiels sur l'enseignement et l'illumination :

1. Éditions Le lotus d'or, 2009 (NdT).

véritable maître
ou authentique charlatan ?

Lors des trente ou quarante dernières années, la tendance à recourir au satsang comme à la seule et unique méthode d'enseignement de l'advaita s'est accélérée en Occident. Ce phénomène vient probablement de la popularité des transcriptions des causeries de Ramana Maharshi et de Nisargadatta Maharaj mais a pris de l'ampleur lorsque de nombreux nouveaux enseignants ont sollicité les bénédictions de Sri Poonja (remarquez que tous sont des enseignants bien connus du 20e siècle. Les deux premiers sont à juste titre renommés, car les transcriptions de leurs entretiens véhiculent une sagesse considérable). Traditionnellement, un enseignant sampradaya n'autorise ses disciples à enseigner que lorsqu'il a pu confirmer leur état illuminé et vérifier leur complète compréhension des méthodes d'enseignement des textes sacrés. Aujourd'hui, il n'y a guère d'enseignant en Occident qui puisse revendiquer cette autorité (remarquez que seul Nisargadatta appartenait aux sampradayas, mais son style d'enseignement était davantage satsang).

Dans le néo-advaita, l'enseignement traditionnel a été appauvri jusqu'à l'épuisement, et rien ne reste de la richesse de ses méthodes et de sa capacité à pourvoir aux besoins de tous les niveaux et tous les types de chercheurs. Au lieu de cela, tout ce qui reste sont des déclarations obscures sur la nature de la réalité absolue, qui n'ont vraiment de sens que pour l'étudiant le plus avancé. Comme la plupart des chercheurs assistant à ces réunions ne sont pas avancés, leur confusion et leur souffrance s'en trouvent exacerbées plutôt que soulagées.

Il semble que de plus en plus d'enseignants satsang s'orientent dans cette direction. Cela peut être la conséquence naturelle du fait que le format même du satsang n'est pas adapté à l'enseignement authentique. Comme les chercheurs ne participent qu'occasionnellement à des rencontres, souvent avec des enseignants différents et en général avec des étudiants différents, il n'y a pas de continuité et le message doit être véhiculé rapidement. De plus, la société occidentale veut (et s'attend à) des résultats instantanés.

Le problème fondamental est l'ignorance du Soi dans l'esprit du chercheur, conséquence d'adhyasa. Une connaissance appropriée est nécessaire et cela doit être acceptable pour l'esprit, qui doit être capable d'exercer raison et discernement et ne pas se trouver déconcerté par des opinions et des croyances passées, etc. Tout cela se produit naturellement comme faisant partie du processus d'enseignement traditionnel, sous la direction d'un maître qualifié. À l'évidence, il y a dans le monde des chercheurs actifs. Ceux-ci devraient idéalement préparer leur esprit par des pratiques appropriées et suivre une voie formelle, logique et ayant fait ses preuves avec l'aide d'un guide compétent. Ce n'est que lorsqu'ils l'auront parachevée avec succès qu'ils réaliseront pleinement qu'ils ont toujours été Brahman. Tout cela est en contradiction directe avec l'enseignement du néo-advaita.

Là où l'obscurité règne, la lumière est nécessaire. L'enseignement traditionnel offre cette lumière sous forme d'une explication progressive, structurée, personnalisée et raisonnée qui peut être vérifiée par notre propre expérience et doit conduire ultimement à la réalisation de la vérité. Le néo-advaita cherche à contourner tout cela et présente la conclusion finale sans argument aucun. Manquant de logique, il s'avère également inefficace. L'enseignement satsang le moins absolutiste peut chercher à utiliser la méthodologie de l'enseignement traditionnel mais, en l'absence de structure, de contexte et de continuité, il est lui aussi condamné à l'échec dans la majorité des cas.

La plupart des enseignants satsang semblent également insister sur les aspects négatifs – neti, neti ; pas le corps, pas l'esprit, pas l'ego, etc. – et leur point d'arrivée est que ce qui reste est qui vous êtes vraiment. Le fait est, cependant, que la nature de « ce qui reste » n'est habituellement pas expliquée. Il en résulte que les chercheurs reçoivent une vue relativement nihiliste de la réalité. Dans le cas du néo-advaita, cela se combine à la vue que puisqu'il n'y a personne pour faire quoi que ce soit et que, de toute manière, le monde est une illusion, tout ce que nous pouvons faire ne fait aucune différence. Ainsi, pour certaines personnes, l'écoute de tels enseignements peut logiquement déboucher sur une perspective amorale.

Cela est entièrement contraire à l'approche traditionnelle, dans laquelle des indices de qui nous sommes (Brahman) sont donnés. La célèbre déclaration des Upanishads – « tat tvam asi » (Tu es Cela) – démantèle nos concepts erronés sur « tu » mais souligne en même temps que nous sommes « Cela », de sorte qu'il n'est jamais question de vide ou de vacuité. Au contraire, qui nous sommes est plein, complet et sans limite.

Bon nombre de ces enseignants modernes tentent de faire valoir l'argument que leur enseignement est adapté à l'époque, que les textes sacrés ne sont plus pertinents et que notre esprit instruit et sophistiqué peut désormais accepter les vérités ultimes sans les circonlocutions et les détours traditionnels. En fait, notre ignorance du Soi actuelle est identique à ce qu'elle a toujours été. Nous nous identifions toujours au corps, à l'esprit et aux rôles, et croyons encore qu'il y a un monde réel d'objets séparés et d'autres gens. Ce sont ces questions fondamentales qui sont abordées par les méthodes traditionnelles – ce que nous ne sommes pas et ce que nous sommes. Les sampradayas ont des techniques éprouvées pour résoudre ces questions. La simple déclaration des conclusions, comme le font les enseignants néo-advaitins, ne sera jamais efficace puisque ces conclusions sont complètement en contradiction avec notre compréhension actuelle de notre expérience quotidienne.

Parce que la plupart des enseignants modernes manquent d'une formation formelle et traditionnelle authentique, et à cause du format informel du satsang et du contenu raréfié de l'enseignement, il devient de plus en plus facile pour quiconque de se promulguer enseignant sans avoir véritablement de qualification – et il n'y a pas d'« association de maîtres advaitins agréés » que nous puissions consulter.

Les chercheurs, comme les enseignants, ont besoin de se réconcilier avec le fait qu'il ne peut y avoir de mesures à court terme. Nous avons des générations de pensée erronée à rectifier si nous voulons apprendre à nous considérer, nous-mêmes et le monde, d'une façon complètement différente qui contredit nos croyances actuelles. L'instinct, l'habitude et les opinions profondément ancrées ne peuvent jamais être annulés par une brève session de questions et réponses ne traitant d'aucun sujet en particulier et par des individus ayant chacun leurs propres plans. Il faut une enquête prolongée et coordonnée, qui s'appuie sur des techniques ayant fait leurs preuves, avec l'aide d'enseignants experts dans l'utilisation de ces techniques. Les authentiques chercheurs de vérité doivent trouver un milieu d'enseignement qui satisfasse ces conditions.

Conclusion

Le message final que vous devriez retirer de ce livre a été cité sous une forme différente au début ; il est très simple :

> La réalité est non-duelle.
>
> Le monde est *mithya*.
>
> Je suis cette réalité non-duelle.

Recommandations de lecture

Il est peu probable que vous trouviez des livres sur ce sujet en vous rendant dans votre librairie locale (bien que cet ouvrage puisse être une exception, puisqu'il fait partie de la série des livres « à la portée de tous »). Vous serez donc surpris d'apprendre qu'il existe un vaste corpus de littérature si vous faites des recherches actives. La plupart des livres viennent d'Inde et ne sont disponibles que là-bas. Et la plupart n'ont probablement jamais été traduits en anglais ou en français. Bon nombre d'entre eux sont toujours publiés dans leur sanskrit d'origine.

Par conséquent, si vous regardez sur Internet et choisissez au hasard quelques livres sur le sujet, vous risquez fort d'être déçu. Vous courez le risque de choisir un matériel pouvant s'avérer inutile, voire même totalement illisible. Malheureusement, il y a de nombreux auteurs et enseignants qui n'ont pas de réelle compréhension de ce dont ils parlent – ce sont les plus dangereux de tous, puisqu'ils sont « des aveugles guidant des aveugles ».

Les livres disponibles peuvent être classés comme suit :

1. **Advaita traditionnel**

Il y a trois sources traditionnelles :

Les Upanishads – elles se trouvent en général à la fin du vaste corpus des textes sacrés hindous appelés Vedas.

La Bhagavad Gita – c'est une partie du poème épique hindou appelé Mahabharata et elle consiste effectivement en un dialogue (questions et réponses) sur des aspects essentiels de la philosophie.

Les Brahma Sutras, avec le commentaire de Shankara. Les questions et les doutes provenant de la première source y sont soulevés et résolus, et les interprétations contradictoires y sont réfutées.

2. **Les textes explicatifs classiques**, par Shankara, ses disciples directs et d'autres

Il y en a un certain nombre et quelques-uns de ceux attribués à Shankara sont contestés. La plupart d'entre eux sont beaucoup plus abordables que les œuvres de la première catégorie et certains sont à juste titre devenus populaires, comme le Vivekachudamani (Le Joyau du discernement).

3. **Les livres de sages modernes**, tels que Ramana Maharshi et Nisargadatta Maharaj

Ils n'ont souvent pas été écrits par le sage en question mais sont des transcriptions, faites par des disciples, de ce que le sage a dit, en général en réponse à des questions spécifiques. C'est le problème principal d'un grand nombre d'ouvrages sur l'advaita. Si le texte n'est pas écrit par quelqu'un qui a directement réalisé la vérité ; s'il n'est pas écrit comme une explication complète à partir des premiers principes ; si au lieu de cela il traite les questions spécifiques d'une personne spécifique qui a un problème particulier – il y a des risques que vous n'en compreniez pas le message tel qu'il avait été conçu. Cela ne veut pas dire que de tels livres sont sans valeur – certains sont d'ailleurs excellents – mais il faut toujours garder à l'esprit ces défauts potentiels.

4. Les livres d'enseignants modernes

Il semble que la plupart des enseignants occidentaux modernes de quelque catégorie que ce soit tentent de contourner les explications introductives et la préparation mentale pour présenter les conclusions « finales » de l'advaita. Cela n'est pas possible et ne conduit qu'à la frustration. Heureusement, il y a encore quelques maîtres traditionnels qui suivent les méthodes éprouvées du passé et aux livres et aux enregistrements desquels on peut se fier. La plupart d'entre eux sont associés aux organisations mises en place par Swami Chinmayananda et Swami Dayananda ou aux organisations néo-vedantiques de Ramakrishna, Vivekananda et Sarada Devi.

5. Textes explicatifs modernes

Ils tentent d'expliquer la philosophie générale, comme dans ce livre mais plus en profondeur. Certains sont de nature intentionnellement académique alors que d'autres s'adressent au chercheur sérieux.

Mon site internet (en anglais) – www.advaita-academy.org – comporte une section dédiée à des comptes rendus détaillés de tous les livres actuellement publiés sur l'advaita, indiquant le lectorat cible, le contenu sanskrit, l'accessibilité, etc. Mais vous trouverez ci-dessous un bref ensemble de recommandations pour chacune des catégories mentionnées précédemment.

1a) **Les Upanishads** : Vous pouvez lire en français pour commencer :
Trois Upanishads : Isha, Kena et Katha, traduit par Alain Porte chez Arfuyen.
Sept Upanishads : Traduction commentée précédée d'une introduction générale aux Upanishads par Jean Varenne.
Brhadâranyaka Upanishad, trad. E Senart, Paris, Les Belles Lettres,
Chandogya Upanishad, trad. E. Senart, Paris, Les Belles Lettres
Mundaka Upanishad, Mandukya Upanishad et Karika de Gaudapada: Traduit par Jacqueline Maury & E. Lesimple, Ed. Maisonneuve et larose

1b) ***Bhagavad Gita***
Il y a beaucoup de traductions et de commentaires de cet ouvrage classique. Voici celles que nous proposons :
Par Alain Porte, Ed. Arlea
Par Michel Hulin, Ed. Le Seuil, avec des extraits des commentaires de Shankara à ce texte.
Par Marc Ballanfat, Ed.G.F. Flammarion

1c) ***Brahma Sûtra bhâshya***
Il n'existe pas de traduction française complète de ce texte essentiel, mais on peut lire une partie du livre chez Almora :
Prolégomènes au vedânta, Traduction de Louis Renou, Préface de Michel Hulin, Almora, 2011

2) Les textes classiques d'introduction attribués à Shankara sont le *Tattva Bodha*, *l'Atma Bodha* et le *Vivekachudamani.*
Le *Tattva Bodha* explique toute la terminologie du vedânta. Il en existe une traduction en français par Chinmayananda aux Editions *Chinmaya* Mission France.
L'Atmabodha (Connaissance du Soi) est l'un des ouvrages classiques sur l'advaita attribué à Shankara.
Le *Vivekachudamani* (Le Joyau du discernement). C'est probablement l'ouvrage le plus célèbre attribué à Shankara. *Le plus Beau Fleuron de la Discrimination* : Viveka-Cuda-Mani, Ed. Maisonneuve. Il est extrêmement lisible et couvre de nombreux concepts et enseignements essentiels.

3) Le problème, avec les sages modernes (quelques exceptions mises à part), c'est que leur enseignement est parfois trop individualiste voire même excentrique. Cela peut être dû au fait qu'ils répondent à la question d'un chercheur particulier, comme nous l'avons fait remarquer précédemment, mais peut-être aussi parce qu'ils ne s'inscrivent pas dans une lignée traditionnelle de maître à disciple. En conséquence, le chercheur court le risque d'être induit en erreur par ce qui est dit, et à strictement parler, le débutant ne devrait pas se plonger dans les ouvrages écrits par ces enseignants.

Ce danger ayant été pris en compte, deux livres modernes justement acclamés peuvent néanmoins être mentionnés :

David Godman, *« Sois ce que tu es », Enseignements de Ramana Maharshi,* Adrien Maisonneuve, 1988. Court, mais plein des enseignements merveilleusement limpides de celui qui fut probablement le maître le plus important du dernier millénaire. Il peut être chaleureusement recommandé comme l'un des meilleurs livres sur l'advaita. David Godman a étudié de nombreuses sources et combiné le matériel de manière à offrir des réponses plus complètes aux différentes questions, qui sont classées par sujets.

Je Suis, Editions Les Deux Océans.
C'est probablement – et à juste titre – le livre le plus connu de tous les sages actuels. Il est composé de brefs dialogues qu'il a eus avec ses visiteurs, lesquels

venaient du monde entier pour écouter ses brusques et puissantes réponses à des questions portant sur une grande diversité de sujets de préoccupation pour ceux qui sont encore piégés dans le monde illusoire. On y trouve de nombreuses déclarations merveilleuses, directes et sans ambiguïté de ce vendeur de cigares illettré des quartiers pauvres de Mumbai.

4) Il y a de nos jours un grand nombre de soi-disant enseignants « *satsang* » en Occident, qui voyagent de par le monde en donnant de courts entretiens de quelques heures à l'occasion desquels ils répondent aux questions des chercheurs. Certains donnent également des sessions plus longues d'un ou deux jours, ou même des cours « résidentiels » sur un weekend. Du fait de la nature de ces réunions, ces enseignants n'ont pas de vrais disciples qui absorbent les enseignements sur de nombreuses années de cours réguliers. En conséquence, la relation *guru*-chercheur n'est jamais établie et les enseignements répondent uniquement à des besoins ponctuels spécifiques qui émergent durant la rencontre.

Les ouvrages de certains de ces enseignants montrent clairement que leurs auteurs ont une profonde compréhension du matériel, mais il est également clair que ce n'est pas le cas de beaucoup d'autres et, dans tous les cas, une participation occasionnelle à un *satsang* est totalement insuffisante pour la grande majorité des chercheurs.

Malgré cela, deux ouvrages représentent une excellente lecture sur le sujet de l'advaita et peuvent être fortement recommandés.

A Natural Awakening, de Philip Mistlberger, TigerFyre Publishing, ISBN 0973341904, envisage les problèmes du chercheur du point de vue de la psychologie occidentale et montre comment l'advaita les résout et conduit à la compréhension de notre véritable nature. Ce livre a été édité à compte d'auteur, il peut donc être difficile de s'en procurer un exemplaire.

How to Attain Enlightenment : The Vision of Nonduality, de James Schwartz, Sentient Publications, ISBN 978-1591810940. James était un proche associé de Swami Chinmayananda et a enseigné l'advaita traditionnel à des étudiants occidentaux pendant des décennies. Passionné, il parle et écrit sur le sujet avec une grande lucidité. Son livre contient beaucoup de sagesse et peut être chaleureusement recommandé.

5) Je suis contraint ici de mettre toute ma modestie de côté et d'affirmer que vous pouvez lire mon livre : *L'advaita vedânta, Théorie et pratique*, publié chez Almora en 2011. Je ne connais pas de meilleure lecture si vous souhaitez aller plus loin que ce qui a été présenté dans ce petit livre.

Glossaire

adhyasa – utilisé pour désigner l'« erreur » que nous commettons lorsque nous « surimposons » une fausse apparence sur la réalité ou mélangeons le réel et l'irréel. L'exemple classique est le fait de voir un serpent au lieu d'une corde, ce qui est une métaphore pour le fait de voir le monde des objets au lieu de la réalité du Soi. Ce concept est fondamental dans l'advaita et Shankara y consacre une section séparée au début de son commentaire sur le Brahmasutra.

advaita – non *(a)* dualité *(dvaita)* ; méthodologie d'enseignement non duelle basée sur le vedânta.

agamin – le type de *sanskara* ou *karma* qui est généré en réaction à des situations actuelles et qui portera des fruits dans le futur. Signifie littéralement « imminent », « approchant » ou « qui arrive ». Voir *prarabdha, sanchita, sanskara, karma*.

ahamkara – l'action de faire, *kara*, le son du « Je », *aham* – la pensée de « je » et tout ce qui s'y rattache.

ajati – *a* – non ou pas – *jati* – création ; la naissance ou la production ; le principe que le monde et tout ce qu'il contient, y compris les apparences des corps-esprits, n'ont jamais été créés ni « mis au monde ». La théorie selon laquelle il n'y a jamais eu de création est appelée *ajata vada* ou *ajati vada*.

asatkarya vada – doctrine qui réfute l'idée que l'effet préexiste dans la cause (généralement à propos de la création).

atman – le Soi. Habituellement utilisé pour faire référence à la nature ou à la conscience véritable, mais l'advaita nous dit qu'il n'existe pas d' « individu » et que cet *Atman* est identique à la Conscience universelle, le *Brahman*. Voir aussi *jiva*.

avarana – le pouvoir occultant de *maya*, qui génère l'ignorance qui nous empêche de voir la vérité. Voir *maya*, *vikshepa*.

avidya – l'ignorance (au sens spirituel), c'est-à-dire ce qui nous empêche de réaliser le Soi. Voir aussi *maya*.

Bhagavad Gita – texte scripturaire faisant partie du Mahabarata, épopée hindoue. C'est un dialogue entre Krishna, le dieu/conducteur du char qui représente le Soi et le guerrier Arjuna, représentant vous et moi, sur le champ de bataille de Kurukshetra avant le début du combat.

bhakti yoga – dévotion ou adoration en tant que discipline préparatoire à l'illumination. Voir aussi *karma* et *jnana*.

Brahman – le Soi universel, l'Absolu ou Dieu. Il n'y a que Brahman. Vient de la racine sanskrite *brih* qui signifie devenir grand ou fort et peut être considéré comme l'adjectif « grand » transformé en nom, qui désignerait ce qui est plus grand que tout. Voir aussi *atman, jiva*.

Brahmasutra – ouvrage écrit par Vyasa (ayant la forme d'un sutra, c'est-à-dire en vers concis). Il tente effectivement de résumer les Upanishads. Il a été commenté en détail par les trois branches principales du vedânta, *dvaita*, *advaita* et *vishishtadvaita*, et les tenants de chacune déclarent qu'il a confirmé leur croyance. Shankara l'a commenté et a fourni des arguments détaillés contre toute interprétation autre que celle de l'advaita.

dharma – pratique coutumière, conduite, devoir, justice et morale. Voir *sanskara*, *karma*.

dvaita – dualité, philosophie du dualisme ; croyance selon laquelle Dieu, l'univers et *l'atman* sont des entités distinctes. Madhva est l'érudit le plus souvent associé à cette philosophie.

Gaudapada – l'auteur du commentaire sur la Mandukya Upanishad. On dit qu'il fut le maître du maître de Shankara.

guru – littéralement « lourd » ; utilisé pour désigner ses aînés ou une personne que l'on respecte, mais plus communément en Occident pour parler de son maître spirituel. Traditionnellement, une telle personne doit être illuminée et versée dans les textes sacrés.

Ishvara – le Seigneur ; créateur du monde phénoménal.

jiva – l'identification de l'*atman* avec un corps et un esprit ; on parle parfois de « l'*atman* incarné ». Voir *atman*.

jivanmukta – une personne illuminée qui a également obtenu les fruits de la connaissance du Soi (*mukta* est l'adjectif – libéré ; *mukti* est le nom – libération).

jnana yoga – *yoga* basé sur l'acquisition de la connaissance véritable (*jnana* signifie « connaissance »), c'est-à-dire la connaissance du Soi par opposition aux simples informations sur le monde des apparences. Voir aussi *bhakti*, *karma*, *yoga*.

karma – littéralement « action », mais généralement utilisé pour désigner la « loi » par laquelle les actions accomplies maintenant porteront leurs effets légitimes dans le futur (et ce peut être dans des vies futures). Il faut relever que le *karma yoga* est une chose différente – voir ci-dessous. Voir aussi *sanskara*.

karma yoga – une attitude dévotionnelle envers l'action, par laquelle l'emprise des attachements et des aversions se relâche et l'esprit est ainsi préparé à l'acquisition de la connaissance du Soi. Voir *bhakti*, *karma*, *jnana*, *yoga*.

lila – litéralement « jeu », « amusement » ou « passe-temps » ; l'idée que la création apparente est un divertissement pour le créateur – un moyen pour Lui de s'amuser. Il joue tous les rôles de telle façon que chacun est ignorant de sa nature véritable et se croit séparé.

manana – réfléchir sur ce qu'on a entendu (*shravana*). Il s'agit de la seconde étape de la voie spirituelle classique, afin de chasser tout doute à l'égard du savoir acquis via *shravana*. Voir aussi *shravana*, *nididhyasana*.

maya – littéralement « magie » ou « sorcellerie ». La « force » utilisée pour expliquer comment nous en arrivons à nous tromper et à croire qu'il existe une création avec des objets et des créatures vivantes séparés, etc. Voir aussi *avarana* et *vikshepa*.

mithya – réalité contingente ; littéralement « incorrectement » ou « improprement », employé dans le sens de « faux », « erroné ». Cependant, on l'utilise plus fréquemment dans l'acception « dépendant de quelque chose d'autre pour son existence ». On l'applique aux objets, etc., pour signifier que ceux-ci ne sont pas complètement irréels mais pas strictement réels non plus, c'est-à-dire qu'ils sont l'imposition, faite par nous, de noms et de formes sur le Soi indifférencié. Voir *adhyasa*.

moksha – libération du sentiment de limitation centré sur « je » ; illumination, réalisation du Soi.

neti – littéralement, « non ! », généralement traduit par « pas cela ». Utilisé par l'intellect chaque fois que l'on pense que le Soi peut-être une « chose » observée, par exemple le corps, l'esprit, etc. Le Soi ne peut être rien qui soit vu, pensé ou connu.

nididhyasana – méditer sur moi-même comme étant l'essence de tout, faire revenir l'esprit de là où il a dévié par habitude et vers ce qui a maintenant été compris, jusqu'à avoir une totale conviction de la non-différence entre mon Soi et le Soi de tous. Le troisième niveau de la voie spirituelle classique. Voir aussi *shravana* et *manana*.

***paramartha* (nom), *paramarthika* (adj.)** – la plus haute vérité ou réalité ; le nouménal par rapport au monde phénoménal des apparences. Voir *pratibhasa* et *vyavahara*.

prarabdha – signifie littéralement « commencé » ou « entrepris ». Il s'agit du fruit de toutes nos actions passées qui produit ses effets maintenant. C'est l'un des trois types de *sanskara* ou *karma*. Voir *agamin*, *sanchita, sanskara*.

***pratibhasa* (nom), *pratibhasika* (adj.)** – qui apparaît ou vient à l'esprit, qui n'existe qu'en apparence, une illusion ou un rêve. Voir *paramartha*, *vyavahara*.

samadhi – l'état de paix et de tranquillité totales atteint durant la méditation profonde.

sankhya – une des trois divisions principales de la philosophie hindoue.

sampradaya – la tradition ou doctrine établie par un enseignement de maître à disciple à travers les âges.

samsara – le cycle continuel de la mort et de la renaissance, de la transmigration, etc., auquel nous sommes assujettis dans le monde phénoménal jusqu'à ce que nous atteignions l'illumination et en échappions.

sanchita – un des trois types de *sanskara* ou *karma*. Littéralement, signifie « accumulé » ou « amoncelé ». Le *sanskara* qui a été accumulé à partir des actions passées mais ne s'est pas encore manifesté. Voir *agamin*, *prarabdha*, *sanskara*.

sanskara – Les fruits invisibles de l'action s'accumulent et déterminent les situations qui se présenteront à l'avenir et influenceront le potentiel des actions futures. Ils sont de trois « types » – *agamin*, *sanchita* et *prarabdha*. Voir *agamin*, *sanchita* et *prarabdha*.

satkarya vada – la doctrine selon laquelle l'effet préexiste effectivement dans la cause (habituellement en référence à la création). C'est la croyance du système philosophique *sankhya*.

satsanga – l'association avec le bon ; rester en « bonne compagnie » ; le plus souvent employé maintenant en référence à un groupe de personnes rassemblées pour discuter de la philosophie (de l'advaita).

Shankara – philosophe indien du VIIIe siècle qui a fermement établi les principes de l'advaita. Malgré un décès prématuré (32 ans ?), il a commenté un certain nombre des principales Upanishads, la Bhagavad Gita et les Brahmasutras. On lui attribue aussi la paternité d'un certain nombre de textes célèbres, notamment l'Atmabodha, le Bhaja Govindam et le Vivekachudamani.

shravana – entendre la vérité de la bouche d'un sage ou lire à ce sujet dans des ouvrages tels les Upanishads ; première des trois étapes clés de la voie spirituelle classique. Voir aussi *manana*, *nididyasana*.

Upanishad – l'un des (108 ou davantage) textes formant une partie (habituellement la fin) de l'un des quatre Vedas. Les parties du mot signifient : s'asseoir (*shad*) près d'un maître (*upa*) à ses pieds (*ni*), l'idée étant que nous nous asseyons aux pieds d'un maître pour écouter ses paroles. Voir *vedânta*.

upasana – dévotion, hommage, présenter ses respects ; littéralement l'action de s'asseoir ou d'être à côté ; parfois utilisé dans le sens de « méditation ».

vada – parole, proposition, discours, argument, discussion, explication ou exposé (des textes sacrés, etc.).

veda – connaissance, mais le terme est normalement seulement employé pour désigner l'un des quatre Vedas (voir vedânta), et *vidya* s'utilise pour la connaissance en tant que telle. Voir *vidya*.

vedânta – littéralement « fin » ou « culmination » (*anta*) des Vedas (*veda*). Se réfère aux quatre Vedas, les équivalents hindous de la bible des chrétiens. Traditionnellement, la dernière partie des *vedas* (à savoir la « fin ») est consacrée aux Upanishads. Voir *Upanishad*.

vidya – connaissance, science, érudition, étude, philosophie. *atma-vidya* ou *brahma-vidya* est la connaissance du Soi.

vikshepa – le pouvoir de « projection » de *maya*, qui produit le monde de la multiplicité, comme un film sur un écran de cinéma. Voir *avarana*, *maya*.

vivarta vada – théorie selon laquelle le monde n'est qu'une projection apparente d'Ishvara (c'est-à-dire une illusion).

viveka – discernement ; la capacité de différencier entre l'irréel et le réel.

***vyavahara* (nom), *vyavaharika* (adj.)** – le monde « relatif », « concret », le monde phénoménal des apparences ; le monde transactionnel dans lequel nous vivons et que nous croyons généralement être réel ; par opposition à *paramartha* (réalité) et *pratibhasa* (illusion). Voir *paramartha* et *pratibhasa*.

yoga – littéralement « joindre » ou « attacher » (le mot anglais « yoke » – joug en français – vient de là). Utilisé généralement pour désigner tout système dont le but est de « joindre » à nouveau notre « soi individuel » au « Soi universel ». Un yoga est donc tout ce qui prépare l'esprit à la connaissance de la non-différence entre le soi individuel et le Soi universel. Si l'on veut être pointilleux, le système philosophique du Yoga fait référence à ce qui a été spécifié par Patanjali, et diffère de l'advaita sous de nombreux aspects (il est par exemple dualiste !). Voir *bhakti, jnana, karma*.

Index

A

B

C

D

Imprimé en Espagne par
Liberdúplex
à Sant Llorenç d'Hortons (Barcelone)
en janvier 2014

N° d'impression : 38383
Dépôt légal : février 2014
I18177/61